中国社会科学院创新工程学术出版资助项目

国外马克思主义研究系列丛书 ●程恩富主编

日本马克思主义经济学派史

谭晓军 著

中国社会科学出版社

图书在版编目(CIP)数据

日本马克思主义经济学派史/谭晓军著.—北京：中国社会科学
出版社，2012.10
ISBN 978 - 7 - 5161 - 1704 - 0

Ⅰ.①日…　Ⅱ.①谭…　Ⅲ.①马克思主义政治经济学—经济
学派—历史—日本　Ⅳ.①F0 - 0②F093.13

中国版本图书馆 CIP 数据核字(2012)第 263543 号

出 版 人	赵剑英	
选题策划	田　文	
责任编辑	金　泓	
责任校对	刘　俊	
责任印制	李　建	

出　　版	中国社会科学出版社	
社　　址	北京鼓楼西大街甲 158 号（邮编 100720）	
网　　址	http://www.csspw.cn	
	中文域名:中国社科网　　010 - 64070619	
发 行 部	010 - 84083685	
门 市 部	010 - 84029450	
经　　销	新华书店及其他书店	

印刷装订	北京一二零一印刷厂	
版　　次	2012 年 10 月第 1 版	
印　　次	2012 年 10 月第 1 次印刷	

开　　本	710 × 1000　1/16	
印　　张	13.25	
插　　页	2	
字　　数	188 千字	
定　　价	37.00 元	

前　言

　　对于马克思主义经济学的研究，日本是一个非常独特的国家。在国际上，日本是世界发达资本主义国家中相关研究最为出色的国度。程恩富教授曾给予过极高的评价："在西方资本主义国家，日本的马克思主义经济学研究力量是最强的，学术研究的成果也是最显著的。"[①] 在日本国内，虽然与其他发达资本主义国家的境况相同，马克思主义经济学的研究一直受到打压和排挤，但二战后日本的很多大学中不仅长期拥有一大批从事马克思主义经济学研究的教授，学校从本科到研究生都设有马克思经济学的专业课程，与西方经济学的课程一样，学生们可以自由地选择学习，而且很多名牌大学也常常因为拥有这一领域的著名学者而成为马克思主义经济学研究的主要阵地，比如东京大学、京都大学以及九州大学等。此外，日本很多马克思主义经济学者常年坚持在社会上面对普通民众开设的《资本论》讲座，也为传播马克思主义经济学作出了不小的贡献。

　　总结日本马克思主义经济学研究的特点可知，不仅其研究起步早、长期的坚持积累了丰硕的研究成果、至今拥有一大批著名的马克思主义经济学家，而且还具有较早地远离前苏联的意识形态影响、浓厚的东方色彩以及独特的研究视角等特点。因此，笔者认为，了解研究日本马克思主义经济学对于丰富我国国外马克思主义研究特别是马克思主义经济学的研究将具有重要意义。

----

　　① 程恩富：《日本马克思主义经济学研究的特点与近况》，《毛泽东邓小平理论研究》2005 年第 1 期。

研究日本马克思主义经济学可以从各种不同的视角去展开，比如可以从对《资本论》的整体研究角度去进行，日本对《资本论》的形成、总体研究等方面都取得了丰富的成果；也可以从个别理论的研究去考察，如日本对于价值论、地租理论、再生产理论、转形问题等方面的研究都极为深入；还可以从论战的角度去了解各时期的研究特点。日本马克思主义经济学从20世纪30年代形成之际就有展开论战的传统，既有学派与学派之间的论战，也有学派内部的论战，通过论战促成研究的深化；亦可以从对现实问题的分析角度去借鉴，如日本对于社会主义的研究、对于现代资本主义的研究，以及对于2008年以来全球经济危机的研究都很有特色。当然，从日本马克思主义经济学研究的历史角度去探析也会很有收获，比如我国2006年由中国出版集团出版的、程恩富教授主编的《马克思主义经济思想史》丛书中的《日本卷》（张忠任著）即是从这一角度展开研究的重要成果。本书选取"学派史"作为研究课题，是因为日本的马克思主义经济学研究的一个很主要的特点即是学派研究的特色鲜明，由此出发是希望从另一个视角对日本的相关研究的成因、特点予以梳理和考察，使我国学界对于日本的研究有更多的了解。

笔者主要通过一明一暗两条主线来完成全书的写作：

一条明线是按时间顺序介绍各学派的形成、发展和现状，即全书的总体结构分为三大部。

在第一部的"学派形成"中，着重介绍了日本最早的两个马克思主义经济学派：讲座派和劳农派的形成。它们形成于二战前的20世纪30年代，是伴随着日本共产党制定政党纲领、确立革命战略的需要而产生的，同时也是由于党内分歧的不断扩大而分化、形成的，可以说这两个学派是在相互论战中确立的。

在第二部的"学派发展"中，除了重点介绍了延续战前与日本共产党关系密切的讲座派，以及之后与日本社会党关系密切的劳农派的发展之外，还突出介绍了适应战后日本资本主义发展状况而形成并发展起来的宇野派、市民社会派（后转为调节派）和数理马克思经济学派。这些学派的出现极大地丰富了战后日本马克思主义经济学研究的内容。

在第三部的"学派现状"中，一方面介绍了20世纪90年代后，日本马克思主义经济学研究从低谷中振作起来，展现出全新的研究局面，另一方面也说明了各学派的现状及面临的困难和挑战。最后通过介绍日本学界努力改变困难局面所采取的应对措施，以及各学派的最新研究成果，说明各学派的发展正迎来新的曙光。

一条暗线是以各学派对日本资本主义的研究为主要内容。由于对日本资本主义的研究一直是日本学界重点关注、主要研究的一个课题，而不同时期日本资本主义的变化又是导致各学派形成、发展，甚至发生转换的主要原因，因此笔者以为以此为全书的另一主线既可以突出各学派的理论特点，也可以使全书的内容、逻辑更加集中、明确。为此，全书首先在每一部的第一章介绍各时期日本资本主义发展的状况，以此作为各学派在不同时期展开研究的背景；其次在介绍各学派的研究、论战时也主要以对资本主义的研究为内容。

此外，还需要特别说明以下两点：

（1）关于"马克思主义经济学"与"马克思经济学"。在日本明确提出将"马克思主义经济学"与"马克思经济学"相区别的是创立宇野学派的宇野弘藏，早在二战前他就主张从马克思主义经济学研究中去掉唯物论和社会主义的研究，实现思想与理论相区别的"马克思经济学"研究。由于受到传统马克思主义经济学派（讲座派和劳农派）的激烈批评，宇野于是将两大学派的学者称为"马克思主义经济学者"以与自称为"马克思经济学者"相区别。战后，随着日本经济的高速增长、日本政府对共产党及左派政党的打压，使得日本民众对于马克思主义经济学的认识产生偏见，而日本共产党60年代以后对于斯大林的批判，以及后来对列宁主义的否定态度等现实情况的出现，日本学界包括传统的马克思主义经济学派的代表讲座派（后被称为"正统派"）在内的各学派都开始逐步弱化"马克思主义经济学"的提法，而只使用"马克思经济学"

的表述。不过，正统派对于宇野派所持的去"主义"的马克思经济
学研究至今持明确的批判态度却是肯定的。因此，从日本学界的现
实情况而言，可以说学者们无论是在著作上、还是在文章中，抑或
是在报告、交流的言谈中都已经很难看到和听到"马克思主义经济
学"的说法。但笔者以为，一方面需要考虑到中国学界的用词习
惯，另一方面也应该区别日本正统派在研究中与其他学派、特别是
与宇野派的不同，所以在本书中、主要是在战后，除了在言及其他
学派、特别是宇野派时多使用"马克思经济学"表述外，更多的地
方还是以"马克思主义经济学"的提法为主，希望读者能够理解。

　　（2）关于日本马克思主义经济学派的划分。将日本马克思主义
经济学派在战前划分为"讲座派"和"劳农派"，在日本学界几乎
没有什么异议。但对于战后在学派划分上却有所不同，除了本书中
提到的五大学派的划分：讲座派（正统派）、劳农派、宇野派、市
民社会派（调节学派）和数理马克思经济学派之外，还有如佐藤金
三郎的三派六流＋一派的划分法①：

　　　"正统派"
　　　"市民社会派"　}　×　{　"逻辑·历史学说"
　　　"宇野派"　　　　　　　　"逻辑学说"

　　　"模型柏拉图派"②

　　这是一种按照对于《资本论》的研究进行的分类。"逻辑·历
史学说"认为，理论经济学是可以说明涵盖资本主义从形成、发展
到消亡的全过程的巨大体系，而"逻辑学说"则认为，理论经济学
是被限定在对资本主义的理念模式的解剖意义上的。而三个主要学

_____

　　①　高须贺义博"マルクス経済学の解体と再生"（増補版），お茶の水書房1988
年版，第65页。
　　②　日语表示为"モデル·プラトン派"，由巴克豪斯（Roger E. Backhouse）命名
的学派。包括置盐信雄为代表的构建模型分析数量上的依存关系的马克思经济学派，以
及以现代资本主义为对象，认为从理论上可以构筑"柏拉图式的理念的世界"的学者
们。该学派的主要特点在于主张从理论上阐释现代资本主义的各种问题，与认为现代资
本主义的各种问题无法从原理（理论）上阐明，只能作为"现状分析"的课题进行个别
的、具体的说明的宇野派形成尖锐的对立（同上书，第75页）。

派内部又都有这两种观点的对立，因此被认为形成了三派六流的局面。

本书选择五大学派的划分主要有两个依据：一个是日文维基百科里的"马克思经济学"条目①介绍中的划分，另外一个是笔者向日本马克思主义经济学者确认后得知，这种划分在当今的日本学界也比较认可，尤其是在明确市民社会派（现为调节学派）、数理马克思经济学派的存在上具有现实意义。

最后想要说明的是，这部书在介绍各学派的过程中，对于讲座派和劳农派的笔墨用得是最多的，这不仅是因为笔者师承的宫川彰教授即是讲座派（山田盛太郎）的传人，对于讲座派的研究了解更多，而且也是由于讲座派（现在的正统派）和劳农派在日本马克思主义经济学研究中曾经作出巨大的贡献，具有其他学派所无法取代的重要地位，即使是今天，归属于正统派的人数和研究所涉及的领域也是所有学派中最多和最广的，因此笔者作出这样的篇幅设置，以期突出这两个传统学派的地位及影响力。

---

① 日文维基百科：《マルクス経済学》。

目　录

第三部　新时期各学派在合作中直面挑战

第 一 部

二战前两大学派在论战中形成

第 一 章

二战前的日本资本主义

（明治维新以后—1945 年战败）

一 资本主义发展迅速,农业色彩依然浓厚

（一）一战前与一战期间的快速发展

日本自明治维新以后直到一战前的 20 年是日本资本主义确立和迅速发展的时期。自 19 世纪 90 年代，日本资本主义生产就以棉纺织业为中心迅速发展起来。据推算，日本 19 世纪 90 年代和 20 世纪初的年均 GDP 实际增长率分别达到 4.8% 和 2.5% ,[①] 都远高于当时英国的 2.4% 和 1.4%。[②] 而这一时期的高增长主要得益于国内市场和出口的迅速扩大，其中特别是得益于世界贸易的急速扩大，为日本出口的快速增长创造的良好的外部环境。与此相伴，日本的进口速度也不断加快，日本资本主义贸易依存度不断上升，这些都意味着日本的外贸、海运等事业在日本资本主义初期的积累结构中占据重要位置。

进入 20 世纪以后，世界资本主义的发展进入到帝国主义的阶段，由于帝国主义国家间发展的不平衡，特别是美、德等后起的资本主义国家实力的增强，19 世纪以来一直称霸世界的老牌资本主

---

① 中村隆英：《戦前期日本経済成長の分析》，岩波書店 1971 年版，依据第 336—337 页计算得出。

② B. R. Mitchell, *European Historical Statistics* 1750—1970，1975，依据第 782—790 页计算得出。

义国家——英国的霸权不断受到挑战，重新瓜分殖民地的矛盾日益激烈，最终引发了第一次世界大战。

　　一战爆发后，一方面由于远离欧洲主战场，加上战事使得德国等同盟国在世界贸易中的主导地位下滑，以及欧洲各国进口的单方面扩大，都使得日本的出口得以借机快速发展扩大。同时，这种世界贸易格局的变化又导致日本进出口结构发生了变化，即以美国、亚洲各国为中心的出口不断扩大，而之前来自欧洲的进口却日益变得困难，导致日本的重化工业产品供给不足。为摆脱这种被动的局面，日本加快了促进包括造船、钢铁、机械、化工在内的重化工业的发展。另一方面，日本又趁着欧洲战事胶着，无暇东顾之际，也看准中国袁世凯政府时期的政局混乱，趁机通过逼迫中国签订耻辱的"二十一条"等不平等条约，大举扩张在中国的权益。得益于上述条件，日本得以保留并延续、甚至加强了一战前的景气局面。据推算，1913—1919 年日本 GDP 实际增长率高达 6.2%。[①] 可以说，整个一战期间日本经济得到了突飞猛进的发展。出口额由 1913 年的 84500 万日元猛增到 1919 年的 324000 万日元，增加了 2.8 倍。进口额在此期间也由 95100 万日元增加到 290900 万日元，增加了 2.1 倍，对外贸易由出超转为入超。对外债务则由 1914 年的 19 亿日元减少为 1920 年的 16 亿日元，对外债权（海外投资、外汇存底、在国外的外汇）同期由 8 亿 1000 万日元增加到 43 亿 7000 万日元。六年间，日本由从前有 10 亿 9000 万日元债务的国家一跃成为拥有 27 亿 2000 万日元债权的国家，[②] 并晋身为世界资本主义五大强国之一。

　　然而，尽管日本资本主义取得如此快速的发展，但从一战后比较世界五大资本主义强国的主要经济指标来看，当时的日本依然显示出工业化程度最低、农业色彩最为浓厚的特点（见下表）。

---

① 橋本寿朗：《大恐慌期の日本資本主義》，東京大学出版会 1984 年版，第 24 页。
② 升味准之辅：《日本政治史》，董果良译，商务印书馆 1997 年版，第 504 页。

世界五大资本主义强国的主要经济指标比较①

项目 国别	第一产业所占 人口的比重（%） （1920 年）	第二产业所占 人口的比重（%） （1920 年）	粗钢产量 （1927 年） （单位：万吨）	棉纺织工业的设备 能力（1927 年） （单位：万锭）
美国	27	34	4900	3670
英国	7	50	890	5730
德国	30	42	1540	1080
法国	29	36	460	960
日本	55	22	360	600

由上表不难看出，从第一、第二产业所占人口的比重方面看，当时的日本在五国中农业人口所占的比重是最高的，超过了全国人口的一半以上，工业所占人口的比重却是最低的，刚过 20%，可见日本的工业化程度最低、农业国色彩最浓。而从主要产品产量或生产能力方面看，日本粗钢产量不仅排在最末，而且产量仅有美国的 1/14、英国的 3/5，棉纺工业的设备能力方面同样最低，也只不到美国的 1/6，英国的不足 1/7，差距十分明显。

可以说，从世界格局来看，1914 年爆发的第一次世界大战是世界资本主义发展史上一个重要的转折点，其带来的最大变化即是资本主义经济发展的中心由英国移至美国，它标志着英国主导的"不列颠制霸"时代的结束和美英共同主导的"盎格鲁—撒克逊制霸"时代的开始。而日本虽然跻身世界强国之列，但由于经济上仍处于相对弱势，决定了它继续依赖英美强国的地位，同时需要进一步加快经济、特别是重工业的发展的现实。

（二）一战后至二战前困境中的发展

一战后至"九·一八事变"前，日本连续经历了 1920 年危机、1923 年关东大地震、1927 年金融危机和 1929 年"昭和危机"，最

---

① 依据杨栋梁《日本近现代经济史》，世界知识出版社 2010 年版，第 116 页提供的数据编制。

后这次危机也就是 1929 年发源于美国的世界经济危机。虽然连续的经济危机和自然灾害沉重地打击了日本经济，但与欧美强国相比，20 年代的日本却保持了最快的增长速度，对外进出口贸易规模在 1913—1932 年期间也增长了 1 倍以上。而且经历一次次危机的洗礼之后，日本在一战前和战时成立的大批企业遭到淘汰，进一步加快了资本集中和重化工业发展的进程，以三井、三菱为首的财阀垄断资本主义在激烈的角逐中变得更加强大。进入 30 年代后，日本确立了私人资本垄断体制，垄断资本一方面控制了国内的主要产业和市场，另一方面加快了对中国的资本输出。据统计，从 1914—1931 年的不到 20 年时间里，日本对华资本输出额就由 3. 85 亿日元增加到 17. 48 亿日元，扩大了 4. 5 倍还多。[①]

此外，一战结束后，为尽快缩小日本与欧美强国之间的差距，日本确定了实现重化工业出口设备国产化为经济发展的主要目标，通过购买技术专利、与国外技术合作、与外国合资以及进口品仿制等多种方式引进技术。到 20 年代末 30 年代初，日本的许多重化工产品不论是质量上、还是价格上不仅可以与欧美竞争，而且具有了充分的自主生产能力。与此相连，日本经济在产业结构上也发生了很大的变化：首先，从就业人口的比重上看，1920—1930 年的 10 年间，农村就业人口下降了 4%，1930 年第一产业就业人口比重降至 49%，第二产业比重几乎没有变化，但就业人数有所增加，第三产业则增长加快，说明农村就业人口主要转向了第三产业。其次，从各产业占国民生产总值的比重上看，1915—1930 年的 15 年间，第一产业的比重由 29% 降至 18%，下降了 11 个百分点；而第二产业则由 37% 提高到 45%，提高了 8 个百分点；第三产业也略有提高。表明第二产业的发展速度远高于第一、第三产业，说明国民经济已经主要依靠第二产业的拉动。最后，重化工业在第二产业的制造业中的比重从 1926—1931 年的五年间提高了 3 个百分点，由 26% 提高到 29%，而且到 1931 年日本的重化工业已经接近自给

---

① 長岡新吉：《近代日本経済史》，日本経済評論社 1980 年版，第 149 页。

的水平，即化学自给率为 92%，金属为 97%，机械为 97%。①

可见，20 年代的日本虽然身处困境，但却能够借机调整经济结构，保持了经济的较快发展。但从三次产业的就业人口比重上看，第一产业仍占 49%，接近一半，远高于第二、第三产业，农业色彩依然浓厚。

二　阶级矛盾激化，工人运动高涨

（一）一战的破坏激化阶级矛盾

一战虽然带给日本资本主义巨大的利益，但也激化了阶级矛盾，并引发剧烈的社会动荡。战争导致国内物价迅速上涨，而工人工资收入上涨缓慢，使得实际工资不断下降，严重威胁着工人阶级的生活。据日本银行调查，1918 年的物价指数比战前的 1914 年上涨 130%，而工资指数仅上涨了 57%，实际工资下降了 30%。② 而一战期间和战后初期，日本工人的劳动时间普遍长达 12—14 小时，劳动条件恶劣，伤病率很高，为改善劳动环境，各地工人不断举行罢工。据统计，1917 年的罢工次数为 396 起，参加人数为 57309 人次。1918 年增加到 417 起，66457 人次，都明显高于战前和大战期间。③ 而农民更是受到来自地主和资本家的双重剥削，不仅要交沉重的地租，还要以廉价的农产品去换取必需的肥料、日用品等高价工业用品，忍受资本家的不平等交换的剥削，生活处境更为悲惨。著名的"米骚动"就是当时阶级矛盾激化的一次总爆发。

所谓"米骚动"是指 1917 年 7—9 月间爆发的群众夺粮暴动。这场暴动的直接原因是 1917 年底开始的粮价飞涨，根本原因在于半封建土地所有制下停滞的粮食生产与大战期间资本主义工商业发展之间的矛盾。由于工商业的发展，城市人口增加迅速，粮食需求

---

① 杨栋梁：《日本近现代经济史》，第 139—140 页。

② 信夫清三郎：《大正政治史》（全 4 卷），河出书房 1951—1952 年版，第 542 页。

③ 森喜一：《日本劳働者阶级状态史》，三一书房 1961 年版，第 255 页。

量大增，而农业生产由于地主的残酷剥削、土地的分散、耕作技术的落后等原因，不仅产量低下，而且连年减产。在这种粮食供求严重失衡的情况下，地主、资本家却又趁机囤积居奇，促使米价大涨。加之政府不但不采取措施抑制米价，反而为保护地主阶级的利益实施高关税政策，以限制大米的进口。在这种矛盾一触即发的情况下，1918 年 8 月 2 日，日本政府宣布出兵西伯利亚干涉苏俄革命，由于大量收购军粮，促使粮食投机愈发猖獗，更加快了米价上涨的速度，最终引发了轰轰烈烈的"米骚动"。这一运动不仅规模大、参加人数多、时间长，而且产生了深远的政治影响。它不仅迫使寺内正毅内阁下台，原敬内阁成立，而且新内阁的绝大部分阁僚都由立宪政友会①的党员出任，从形态上可以说是建立了日本第一个政党内阁。原敬内阁的成立是日本工商业资本家阶级的胜利。

在阶级矛盾不断激化的这一时期，日本的政治思潮活跃、社会运动频繁。当时的政治思潮大致可以分为六类：国家主义和皇室中心主义思潮、民本主义思潮、极端国家主义思潮、无政府主义思潮、理想主义思潮、社会主义及马克思主义思潮。在各种思潮的影响下，知识分子们通过组织政党、创办刊物、发动运动宣传各自的思想、推动社会的进步。其中影响较大的如 1912—1925 年的大正民主运动，就是一场在工农运动的推动下，由中小资产阶级等中间阶层及其知识分子领导的、反对专制统治和扩军备战的军国主义统治，要求实现资产阶级立宪民主政治的运动。

（二）接连的危机再度激化阶级矛盾

进入 20 年代，日本资本主义结束了较长时期的景气局面，接连遭受危机的打击。首先是 1920 年 3 月 15 日，东京股票市场股价大跌，经济危机突然降临。这场经济危机的爆发主要源于战时飙升

---

① 立宪政友会：二战前日本最早的真正具有政党性质的组织。1900 年 9 月 15 日成立，伊藤博文出任第一任总裁。1940 年 7 月 30 日解散，该党的政治思想和立场具有保守主义色彩，机关报名为《政友》。

的股票价格与实体经济严重偏离所致，是日本进入资本主义社会之后最为严重的一次经济危机。危机爆发后的 1920 年 10 月至 12 月，日本股票及主要产品价格纷纷跌至最低点，下跌幅度分别是股票 55%、棉线 60%、生丝 70%、砂糖 47%、铜 37%、生铁 30%、煤炭 24%、稻米 56%、批发物价指数 36%。[①]

在这场危机尚未恢复的 1923 年 9 月 1 日，日本又遭受了关东大地震，由于地震的中心位于东京、神奈川和千叶等日本人口稠密的中心城市，造成了重大的人员伤亡和财产损失。据统计，受灾总人数达 350 余万人、死亡 10 余万人，经济损失总额约为 70 亿日元，[②] 城市功能一度陷入瘫痪状态。为了救灾，日本政府采取了一系列紧急措施，虽然这些措施为经济、社会重建起到了相当大的作用，但如震灾贴现票据的发行也为 1927 年的金融危机埋下了隐患。这期间，日本政府也加紧了对日本共产党的镇压和对共产党人的迫害，一度导致日本共产党的解散，1926 年才得以重建。紧接着 1927 年日本爆发金融危机，而 1929 年源于美国的全球经济危机在 1930 年又席卷日本，日本称作"昭和危机"。经过这一系列危机的打击，日本大批企业倒闭，却进一步加速了资本集中的进程。30 年代后，日本进入真正的财阀统治时代，也越发带有了浓厚的国家垄断资本主义的色彩。

频繁的危机再度激化了阶级矛盾。20 年代，资方为了摆脱危机，不断增加工人的劳动时间和强度、降低工资和解雇工人，这些做法激起了工人的激烈反抗。据统计，1920 年劳资纠纷就发生 282 起，参加斗争的人数达 3.6 万人；1930 年达到高峰，发生 906 起，参加人数达 8 万多人。[③] 这些工人运动大多由工会组织发起，当时

---

① 中村隆英、尾高煌之助：《日本经济史 6·二重構造》，岩波書店 1989 年版，第 291 页。

② 宇野俊一、大久保利謙ら：《体系日本史叢書政治史Ⅲ》，山川出版社 1985 年版，第 415 页。

③ 三和良一：《概説日本経済史》（近现代），東京大学出版会 2002 年版，第 106 页。

日本的全国性工会组织主要有三个：左翼的日本劳动组合评议会、中派的全国劳动组合同盟和右翼的日本劳动总同盟。这些工会组织虽一度成为领导工人运动的主要力量，但后来由于或遭镇压、或内部分裂、或与资方合作，也导致当时日本的工会组织在主要工业国家中一直处于较低的发展水平。比如，左翼工会1928年被政府勒令解散，其后虽多次重建，但屡遭镇压；中派工会在"九·一八"事变后分裂为主战派和反战派，右翼工会则主张与资方合作，公开表示支持战争，都弱化了组织工人运动的能力。

危机也同样加深了日本农民的贫困，为改善生活境况，在农会的组织下，20年代后期至30年代初农民运动也十分高涨。全国性的农会组织有四个：左派的全农全国会议、中派偏左的全国农民组合、中派偏右的日本农民组合总同盟、右派的日本农民组合。然而，这些农会组织同样存在相互对立、内部不断发生分裂等问题，也使得农会的实际组织能力遭到很大削弱。

正是由于工会和农会组织受到政府压制和自身问题困扰，都无法发挥强有力的组织能力，更无力帮助工人和农民表达诉求、摆脱困境的情况，才为民间右翼势力和下级军官得以在拯救农村、改造国家的口号下发起法西斯运动、发动对外侵略战争创造了条件。

（三）俄国十月革命的胜利促进了日本工人运动的开展

1917年的俄国十月革命对日本的工人运动产生了巨大的影响，再次掀起工人运动的新高潮。1919年日本全国爆发工人斗争2388起，参加人数多达335225人。[①] 工人运动遍及各个产业和部门，其中造船、钢铁、矿山等部门的斗争规模尤其巨大。

这个时期的工人斗争都是在工会的领导下，有组织地进行的。工会组织在此期间也得到了迅速壮大，由1914年的49个发展到

---

① 今井清一：《日本の歴史》第23卷，中央公論社1967年版，第225页。

1919 年的 187 个，① 而且出现了"全日本矿工总联合会"等工会联合组织。此外，工会运动的高涨还促使了 1912 年创立、已成为当时工会核心的"友爱会"的改组，1919 年 8 月"友爱会"更名为"大日本劳动总同盟"②，并开始领导工人从经济斗争转向政治斗争。

三　从社会主义政党到马克思主义政党的建立

日本的社会主义思想的出现与资本主义的发展几乎是同步进行的。明治维新之初，在日本引进的大量西方学说当中就有社会主义的思想，在之后的社会主义思想的传播中，虽然马克思主义经济学著作很早就传到了日本，但因为能够读懂德文的人并不多，因此传播并不广泛，直到 1903 年，幸德秋水的《社会主义神髓》一书出版后，马克思主义经济思想的萌芽才开始在日本出现，而这个时期也正是日本工人阶级成长和工人运动发展的重要时期。此后，随着工人运动的蓬勃兴起，马克思、恩格斯的著作开始更多地被译成日文传到日本。1906 年 3 月，堺利彦创办《社会主义研究》，并刊载《共产党宣言》。俄国十月革命后，列宁的重要著作《国家与革命》和马克思的《资本论》第一卷也陆续在日本出版了日译本，1920年 6 月至 1924 年 7 月，高畠素之最终出版了 10 册日文版的《资本论》，成为日文版最早的版本，日本马克思主义经济学研究由此全面展开。这些著作的相继出版，为日本社会主义政党——社会民主党以及马克思主义政党——共产党的成立打下了理论基础。

1901 年 5 月，安部矶雄、片山潜、幸德秋水、西川光次郎等 6

---

① 王振锁、徐万胜：《日本近现代政治史》，世界知识出版社 2010 年版，第 129页。

② "大日本劳动总同盟"简称"总同盟"，是二战前日本最大的工会之一，会长是铃木文治。1924 年后由于左右两派的对立，曾导致三次分裂。赤松克麿、松冈驹吉等右派把持领导权后，建立社会民众党。1936 年与全国劳动组合同盟（简称"全劳"）合并，成立全日本劳动总同盟（简称"全总"）。1940 年解散。

人发起的、日本最早的社会主义政党"社会民主党"成立，但很快即被政府以违反治安警察法为由禁止。1906年1月第一届西园寺公望内阁成立，这是一个由官僚势力和政友会拼凑而成的内阁，带有半官僚半政党的性质。西园寺内阁没有对社会主义思想进行肆意打压，而是对稳健派的存在采取了容忍的态度。在该政权比较缓和的政策下，日本国内设立社会主义政党的势头高涨，同年1月，随着西川光二郎等人组织的"日本平民党"建党得到认可，以堺利彦为核心的、第一个合法组建的社会主义政党——"日本社会党"也宣告成立。2月两党合并，组成"日本社会党"①。建党之初，该党提出"在国家法律的范围内主张社会主义"的合法主义口号，并于1907年创立"日刊平民新闻"。虽然当时社会党的正式成员只有200多人，但在全国，"社会主义者"约有25000人之多。然而，建党后不久，由于党内出现以主张暴力革命的幸德秋水等人为首的"直接行动派（强硬派）"与主张通过议会合法夺取政权的田添铁二等人为首的"议会政策派（软弱派）"产生分裂，政府对于两者的对立、特别是强硬派的存在感到了威胁，1907年2月以违反治安警察法为由禁止了日本社会党的活动。此后，日本政府对社会主义者的迫害不断加强，并制造了1908年的"赤旗事件"和1919年的"大逆事件"（又称"幸德事件"），大肆逮捕、迫害社会主义者。受到这些事件的打击，日本社会主义运动失去了很多重要的组织者，一时陷入低迷期。

之后，伴随着第一次世界大战期间日本资本主义的快速发展以及之后的一系列危机的爆发，加之俄国革命成功的影响，日本的工人运动再次高涨起来，社会主义思想再次得以广泛传播。1921年12月日本社会主义同盟成立，这是当时社会主义者首次大结盟，虽然并未采取政党的形式，但却将以前只作为少数先觉者的思想运动发展而来的社会主义运动与工会运动结合起来，成为向政党运动发展的过渡形式。但是，不到半年，在政府的严厉打压下，同盟很

① 日文维基百科：《日本社会党》（1906年）。

快也被禁止,刚刚统合起来的社会主义潮流再次分化。之后,马克思主义潮流与受无政府主义影响的工会至上主义潮流就对俄国革命的评价、当时工会总同盟运动等问题展开了激烈的论战,最终马克思主义凸显出优越性,取得论战优势。在此过程中,1922 年 7 月由马克思主义者组成的"第一次日本共产党"成立,堺利彦任委员长,中央委员主要有山川均、荒畑寒村、猪俣津南雄、近藤荣藏、佐野学、市川正一、渡边正之辅、野坂参三、德田球一等人。同年11 月,在第四次共产国际会议上,日本共产党作为日本支部得到认可。当时的日本共产党还只是由少数马克思主义者小组联合而成,如堺利彦是"ML 会"的主要成员,山川均创立的"星期三会"等,大众基础薄弱,思想上、组织上还有很多不成熟之处。加上面临 1923 年政府对共产党人的大拘捕、关东大地震后对社会主义者的镇压等严峻形势,在堺利彦等人的提议下,1924 年 2 月党内作出解散共产党的决议,直至 1926 年 12 月重建,被称为"第二次日本共产党"。

第 二 章
论战中形成的讲座派、劳农派

在前述的日本20世纪初的经济、社会背景下，日本共产党不仅成立得很艰难，而且成立后，党的内部在组织理论、纲领的确立和制定等方面的阐释上就一直分歧不断。从第一次建党后的山川主义与福本主义引发的组织理论的分歧，到第二次建党后的27年纲领和32年纲领又进一步引发了党内关于革命战略的对立，都表明日本马克思主义政党内部意见和认识的难以统一。也正是由于当时党内有意见分歧、党外又有政府对马克思主义政党的残酷镇压的环境，使得日本在战前形成了最早的两个马克思主义经济学派——讲座派和劳农派。也就是说，党内的分歧一方面使日本的马克思主义者分成不同派别，另一方面也促使他们努力去研究理论，寻找理论的解释。而因受到当时环境的限制，受到政府的严厉打压，学者们无法直接用政治的语言去发表观点，因此用经济学的方法研究明治维新等历史方面的内容较多，才使得日本马克思主义经济学研究快速发展起来，并进而形成在社会上具有影响力的学派。可见，日本马克思主义经济学派最初产生时是与政党紧密相关、并具有较强的政治背景的。

一　两大学派形成的政治背景：
日本共产党内部出现对立

（一）两种组织论的出现与对立——山川主义与福本主义
1. 山川主义的提出及主张
在日本共产党经历了建党、解散到重建的过程中，日本马克思主义者之间围绕如何推进无产阶级政党的组织化问题出现了明显的对立，一方是山川均提出的"方向转换"组织论，即1922年山川均在《前卫》的7、8月合并号上发表的著名的《无产阶级运动的转变方针》一文，提出"到大众中去"的口号，其主要主张包括："（1）已经具有革命意识的少数先进分子应该回到尚未觉醒的大众中去，并且要学习如何去发动大众；（2）从对抽象的革命思想的自我陶醉中摆脱出来，走入代表大众现实要求的大众运动中去；（3）从消极的政治否定走向积极的政治对抗，即扩大无产阶级政治运动的战线"①之后，山川又将这一"方向转换"组织论具体化，提出协同战线党论，主要内容包括：在日本现阶段，对于选择资本主义还是社会主义的问题，还不能成为一般大众考虑的现实问题，为此，应该首先将与资产阶级利害相对立的所有社会阶层团结起来，结成反资产阶级战线的大众的政党。而且必须使这个政党在性质上作为合法的政党存在，我们必须依靠实力来扩大合法的行动领域。现阶段马克思主义者首先应该完成的任务就是，在组织和发展这种协同战线党（即集结反资产阶级政治势力）方面发挥积极作用，在政党斗争中，紧密联系大众，并扩大指导能力。山川的观点一经提出便在社会中产生强烈反响，被称为"山川主义"而受到广泛关注。此外，山川还把劳动工会组织和社会主义思想运动解释为无产阶级运动的两个方面，并在1924年提出的"无产阶级政党论"中予以具体展开。他还在论述无产阶级的斗争目标和使用的战略时明确指出，在考虑一般的世界资本主义中的无产阶级同时，必须考虑日本资本主义的特殊性以及由这种特殊性发展产生的社会诸多势力，因为这些决定了日本的无产阶级所具有的特殊的历史地位。

现在看来，虽然山川主张的建立"合法的政党"，在当时的社会环境下也许难以实现，但他提出的不论是"少数先进分子应该到大众中去"的观点，还是要"结成反资产阶级战线的大众政党"，

———————

① 山川均：《社会主義運動小史》，社会問題研究所1953年版，第48页。

抑或是由于"日本资本主义的特殊性导致日本无产阶级的特殊历史地位"的主张，都还是符合当时日本的社会现实，对于当时日本共产党的组织建设具有积极作用的。然而，在与福本主义的论战中，山川主义被反对者批评为工会主义、折中主义。特别是山川的观点被共产国际批评为取消主义后在共产党内部失去了主导地位。1928年山川本人也被日本共产党开除，山川主义就此完全丧失了其在日本共产党内的影响力。

　　2. 福本主义的出现与主张

　　与山川的政党组织论相对立的是福本和夫的"分离→结合"组织论。福本在批判山川的"方向转换"论的文章①中指出，日本无产阶级运动正在向全国单一的协同战线党的"联合"形式发展，可是如果这样下去的话，日本无产阶级将无法在政治上实现真正的"联合"。因为日本的无产阶级没有经历"关于无产者联合的马克思主义原理"，即"为了使自身有力地结合为一体，联合之前，要做彻底的分离"的过程。为此，日本无产阶级首先必须要"果断地毫不犹豫地通过理论斗争"将马克思主义的要素进行"分离""结合"，而且现阶段斗争的关键是要将斗争限定在理论斗争的范围内。福本的这一主张被称为"福本主义"。

　　"福本主义"在1926年12月4日在山形县无色温泉召开的日本共产党重建大会（即日本共产党第三次代表大会）起草的大会宣言中被采纳，福本本人由此出任党的政治部长，也成为日本共产党的意识形态领袖，福本主义就此成为党的指导理论，风靡一时。而福本主义在党内指导地位的确立，直接导致日本共产党与山川等人在组织上的分裂。而且由于采用了福本的极"左"的政治主张，日本共产党不只是政治战线，还在工会战线上也导致分裂倾向的进一步加重。此外，福本的这种"理论斗争"论导致重建的共产党脱离大众组织，党不再是工人阶级的实践斗争组织，而是仅仅成为了一

---

　　① 福本和夫：《〈方向転換〉はいかなる諸過程をとるか》，《マルクス主義》，1925年10月号。

个派别的思想集团，表现出分裂主义和宗派主义倾向。随着福本主义引发的一系列问题的出现，福本主义最终遭到1927年共产国际提出的"关于日本问题的决议"（27年纲领）的批判，加上来自党内对福本的批评，福本主义也由此丧失党的指导理论的地位。

从山川主义和福本主义在日本共产党内先后占据主导地位的过程中可以看出，将马克思主义作为理论基础的日本马克思主义者先后形成了右翼（山川主义）和左翼（福本主义）的对立，为此后的马克思主义经济学两大主要学派的形成奠定了一定的基础。

（二）山川均与福本和夫

如前所述，日本共产党初期的组织论先后受到山川主义和福本主义的影响，并分别一度占据主导地位，虽最终都受到共产国际的批判而丧失了在党内的指导地位，但却对后来形成的两大马克思主义经济学派产生了不小的影响。因此，有必要对提出这两个理论的山川均和福本和夫作简单的介绍。

1. 山川均其人

山川均（やまかわ ひとし）（1880年12月20日至1958年3月23日）。日本经济学家、社会主义者、社会运动家、思想家、评论家，劳农派马克思主义的指导性理论家。[1]

山川出生于冈山县仓敷村（现仓敷市），曾在京都的同志社就读中学，受到新岛襄等人的基督教思想的深刻影响。1906年加入堺利彦等人成立的日本社会党，并参与《（日刊）平民新闻》的编辑工作，从此加入到社会

山川均（1880—1958）

---

① 日文维基百科：《山川均》。

主义运动之中。1908 年曾因"赤旗事件"入狱。1917 年俄国革命后，山川具有了更加鲜明的马克思主义立场，积极投身于工会的创办以及社会主义者的培养当中。

一战后，随着社会主义运动的蓬勃发展，马克思主义研究的文献得以在日本大量出版，其中就包括山川的诸多著作及译著。如，堺利彦①、山川均合著的《唯物史观解说》、《马克思、恩格斯传》，山川均的《列宁与托洛茨基》、《资本主义策略》等；译著有《马克思资本论大纲》、《马克思经济学》、《马克思学说大系》等。

山川曾参与筹划、创立"第一次日本共产党"，并因在 1922 年《前卫》7、8 月合并号上发表《无产阶级运动的转变方针》一文引发社会强烈反响。文中的思想被称为"山川主义"，其理论被称为"方向转换论"而使其风靡一时。对于 1924 年的共产党解散，他虽未参与决定，但表示支持，之后也未参加"第二次日本共产党"。"山川主义"曾与"福本主义"展开激烈的论战，之后山川的观点被共产国际批评为取消主义。1927 年，山川与荒畑寒村、堺利彦等人创办《劳农》杂志，形成劳农派，并与讲座派展开论战。

二战结束后的 1946 年，山川与堺利彦在《民众新闻》上以基于民主主义革命论的政治势力的确立为目的，提出建立"民主人民战线"，并担任民主人民联盟委员长，建议社会、共产两党联合斗争，但由于山川因病不能充分参加活动，最终未能实现这一愿望。之后，山川作为日本社会党左派的理论家活跃于社会中，在 1951 年成立的社会主义协会中，曾与大内兵卫一同担任代表，并与向坂逸郎共同提出非武装中立论，这一理论对日本社会党影响巨大。

山川均著述甚多，从 1966 年到 2003 年，劲草书房陆续出版了《山川均全集》，共 20 卷。而山川对于日本马克思主义经济学研究的贡献，樱井毅归纳为两点：一是山川发挥了马克思主义经济学解说及普及的启蒙家的作用；二是明确了日本资本主义的特殊性与一

---

① 堺利彦（1870—1933），日本著名马克思主义经济学家，是第一个将《共产党宣言》介绍到日本的人，也是日本共产党第一任委员长。

般性的区别。① 山川 1958 年去世，享年 77 岁。

2. 福本和夫其人

福本和夫（ふくもと かずお）（1894 年 7 月 4 日至 1983 年 11 月 16 日），日本马克思主义思想家、经济学家、科学技术史家、思想史家。二战前曾任日本共产党（第二次共产党）政治部长，并作为理论指导者发挥作用。②

福本出生于鸟取县久米郡下北条村（现东伯郡北荣町），并曾以"北条一雄"为笔名。1920 年东京帝国大学（现东京大学）法学部毕业，曾先后在松江高等学校、山口高等商业学校担任教授，1922 年以文部省在外研究员的身份到欧美留学两年半，开始专注于马克思主义的研究。归国后，加入日本共产党，并连续在《马克思主义》杂志上发表文章，从马克思主义理论、革命的战略战术到组织论，内容非常广泛。1926 年后又先后出版了《社会构成及其变革过程》、《无产阶级的方向转换》、《经济学批判的方法论》三部论著，③ 为"福本主义"的提出打下了理论基础。1926 年在《马克思主义》的 2 月、5 月号上，福本发表的《必须从山川氏的方向转换论的转换开始》④ 一文对日本左翼阵营产生巨大影响。福本批评山川主义是没有明确区分经济运动与政治运动的不同的"折中主义"、"工会主义"，强调共产党活动的意义，主张重建共产党。在组织论上主张所谓的"分离→结合"论，强调理论斗争的必要性等，被称为"福本主义"。福本在 1926 年 12 月的第二次日本共产党的建立中，作为理论的指导者发挥了巨大的作用。

1927 年 2 月，共产国际的"27 年纲领"对山川主义和福本主义都进行了批判，福本因此被解除政治部长职务，在党内丧失了影

---

① 日高普：《日本のマルクス経済学——その歴史と論理》（上、下），青木書店 1967 年版，第 138 页。

② 日文维基百科：《福本和夫》。

③ 张忠任：《日本卷》，程恩富主编：《马克思主义经济思想史》，中国出版集团、东方出版中心 2006 年版，第 69 页。

④ 《山川氏の方向転換論の転換より始めざるべからず》。

响力。1928 年 6 月福本因 "3·15 事件" 被捕，直到 1942 年才得以出狱，在狱中度过了 14 年。狱中和战后，福本更多地专注于 "日本复兴" 论的研究，这是通过对近代捕鲸技术等的研究，构筑 "日本复兴" 论的一种独特尝试，福本因此作为科学技术史家而闻名。福本的研究成果主要收录在《福本和夫初期著作集》① （共 4 卷）和《福本和夫著作集》② （共 10 卷）之中。福本 1983 年去世，享年 89 岁。

3. 两个纲领引发战略上的对立——27 年纲领和 32 年纲领

（1）27 年纲领引发了战略上的对立

事实上，在 27 年纲领之前还曾有一个 22 年纲领，即共产国际为日本第一次共产党制定的《日本共产党纲领草案》。1922 年 11 月共产国际的第四次大会上，日本共产党被接收为共产国际的一个支部，并设立了日本问题委员会，布哈林等人为日本共产党起草了这个 22 年纲领。22 年纲领认为：日本资本主义在第一次世界大战中虽然得到了长足的发展，但依然残留着封建生产关系的痕迹。大部分的土地还掌握在半封建的大地主手中，而最大的地主就是日本政府的元首天皇。于是，国家机关就掌握在一部分工商业资本家和大地主的手中，而反对现存国家权力的势力就不只是工人阶级、农民和小资产阶级，还有广大的自由主义的资产阶级。正是在这样的现状分析的基础上，共产国际为日本共产党制定的当时的战略目标就是完成资产阶级革命，并宣称资产阶级革命的完成将成为无产阶级革命的直接序曲。③ 这个纲领与当时的山川理论提出的确认资产阶级霸权，提倡直接建立反对资产阶级的政治战线的主张是相对立的。然而，这个纲领草案尚未在日本共产党内形成共识之际，第一

---

① 福本和夫：《福本和夫初期著作集》（全 4 卷），こぶし書房 1971—1972 年版。

② 福本和夫：《福本和夫著作集》（全 10 卷），こぶし書房 2010—2011 年版。

③ 《现代史资料（第 14 卷）·社会主義運動（一）》，第 32—33 页。补充说明：《现代史资料》系统收集和编写了 1921—1945 年日本现代史的基础资料，由みすず書房出版。1962 年出版第 1 卷后，直到 1980 年共完成 45 卷＋1 别卷。此后新收集的未公开资料又以《续·现代史资料》书名出版，共 12 卷，1996 年完成。

次共产党就解散了。

27 年纲领是在 1927 年 7 月有日本共产党代表参与讨论的、共产国际的常任执行委员会会议上通过的。它就日本资本主义的现状分析、战略、战术以及党的诸多问题进行了全面的、较长篇幅的论述。其内容主要包括：（1）1868 年的明治维新开辟了日本资本主义发展的道路。虽然明治维新后的政治权力掌握在大地主、诸侯和支持天皇的党派手中，随着资本主义的发展，之后将转化为资本主义国家；（2）现代日本受到在资产阶级霸权下的资产阶级和地主构成的集团所支配；（3）与英国及其他资本主义国家不同，日本资本主义的发展虽然受到限制，但无疑正向上发展着；（4）虽说资产阶级与大地主的融合还在发展着，但由于大地主依然作为日本政治经济生活中极为重要的、而且是独立的因素存在着，因此无法排除资产阶级民主主义革命的课题。不过，已经明显达到资本主义发展较高水平的日本应该能够极为迅速地从资产阶级民主主义革命发展到社会主义革命。①

与 22 年纲领相比，27 年纲领虽然对日本资本主义的发展程度给予了更高的评价，并承认明治维新是资产阶级革命，但与 22 年纲领一样，在战略上坚持的是"二阶段革命论"。日本共产党也强调了日本革命的二阶段性质。

与此相对，延续了山川理论的学者们提出的战略却与此不同，他们认为，当时政治斗争的对象应该是以金融资本、垄断资本为中心集结起来的、具有帝国主义性质的资产阶级的政治势力。日本已经是确立了资产阶级政权的资本主义国家，虽然资产阶级民主主义革命进行得并不彻底，还留有以天皇为代表的很多封建痕迹，但这些已经不再成为独立的政治势力，已经被资产阶级政治势力所吸收或同化，或已成为其中的一部分，或已成为强化其支配力量的工具了。地主阶级也在某种程度上实现了资产阶级化，不再构成与资产阶级政治势力相对立的绝对主义的社会基础。因此，今后的革命不

① 《现代史资料（第14卷）·社会主义运动（一）》，第85—88页。

应是向资产阶级政权转换的资产阶级民主主义革命，而只能是无产阶级取代资产阶级掌握政权的社会主义革命，即主张"一阶段革命论"。

此后，对立双方为了进一步阐明各自的革命战略，都认识到对日本资本主义的认识和分析是必不可少的前提，于是揭示日本资本主义基础构造的研究和论战全面展开。

（2）32年纲领促成根本性对立

在受到1928年的"3·15事件"和1929年的"4·16事件"的双重打击后，加上受到1929年爆发的世界经济危机中资本集中、金融资本的支配能力不断强化的影响，日本共产党认为需要修正27年纲领对日本资本主义现状的错误评价，于是在1931年4月提出从根本上改变战略的"政治纲领草案"。这一草案认为，明治维新虽然并不彻底，但却是东方最早的资产阶级革命，现在的日本是高度发达的帝国主义国家，日本的国家权力掌握在握有金融资本霸权的资产阶级和地主的手中，天皇制不过是代表金融资本的统治阶级对工人和农民大众的反抗实行法西斯主义镇压和剥削的有力工具而已。在这样的现状分析的基础上，日本共产党提出的战略是：广泛接受资产阶级民主主义革命任务的同时进行无产阶级革命。① 可以说，这个草案具有了放弃二阶段战略而转向一阶段战略的倾向，并一度成为当时共产党的基本方针。然而，这一草案提出后不到一年即遭到共产国际的强烈批判，并重新为日本共产党提出32年纲领，② 即"关于日本的形势和日本共产党的任务"。这一纲领的基本方针从一阶段战略再次回到二阶段战略，日本共产党也再次听从了这一新的转变。

32年纲领对日本现状的分析和共产党的战略制定认为：日本的统治体制表现为具有异常的、强有力的诸要素在内的封建制以及迅速发展的垄断资本主义的结合。其中作为统治体制的第一要素的

① 《现代史資料（第14卷）·社会主義運動（一）》，第469—471页。
② 日文维基百科：《32年テーゼ》。

32 年纲领

就是天皇制＝绝对君主制。这一绝对君主制在 1868 年以后形成，并延续至今。因此，现在是以地主为中心的寄生的封建阶级与迅速富裕起来的贪婪的资产阶级正结成紧密的、永久的集团。天皇制代表这两大阶级利益的同时，还发挥着其独自的、相对较大的作用，并保持其绝对的性质。因此，决不能利用日益迫近的法西斯幽灵来美化天皇制的统治。粉碎天皇制国家机构依然是革命的首要任务。统治体制的第二个构成要素是地主的土地所有，它已成为阻碍日本农村生产力发展，促使农业退化、农民中的主要大众贫困化的根源，是农村中亚洲式的落后、半封建性的统治。因此，农业革命成为革命的根本性任务之一。统治体制的第三个构成要素是垄断资本主义，这种金融寡头制与官僚主义的天皇制在整个体制中形成了最为紧密的融合。这就是 32 年纲领对日本当时的现状分析，而在此基础上制定的革命战略就是二阶段革命战略，即在当前的日本诸关系下，实现无产阶级专政的道路只有超越资产阶级民主主义革命、即超越推翻天皇制、剥夺地主所有以及超越确立无产阶级农民专政后才能达成。为此，日本当前的革命性质是具有强行向社会主义革命转换倾向的资产阶级民主主义革命。[1]

在这次共产党纲领的转变，即从 31 年纲领草案转变为 32 年纲领草案的过程中，与其对立的另一方（山川派）的现状分析和革命战略基本没有改变。

由上述日本共产党纲领转变过程中不难看出，早在第一次日本共产党的 22 年纲领制定时，共产国际对日本共产党的纲领确定即掌握着决定权，并已经为日本共产党初步确立了"二阶段革命"战略，却未能真正重视日本共产党内的各方意见，并谋求各方意见的统一，这无疑为之后的党内分歧、甚至对立留下了隐患。而到了 27 年纲领制定时，党内的对立双方已经形成，"一阶段革命"战略明确提出，但此时对立双方尚存共识。而 31 年纲领草案曾一度使对立双方观点趋于一致，但由于共产国际的再次强行干预，迫使日本共产党再次强化了"二阶段革命"战略，而 32 年纲领的确立最终导致了党内两派的根本性对立。

可以说，32 年纲领确立后，日本共产党内形成的对立的两派

---

① 《现代史資料（第 14 卷）·社会主義運動（一）》，第 617—619 页。

为寻求支撑各自革命战略的理论基础，同时也由于日本国内日趋严峻的政治环境，使得马克思主义者倾向于运用马克思主义经济学理论分析日本资本主义的特点，并由此全面展开了关于日本资本主义的论战，日本马克思主义经济学界也由此形成了两个最早、也是最重要的学派——讲座派和劳农派。

二　两大学派的最终形成：政治论战向经济学论战的转变

（一）讲座派与劳农派的形成

随着 1931 年"九·一八事变"的爆发，日本对外开始了全面的帝国主义侵略战争，对内则更为严厉地镇压社会主义运动和劳动运动，这一时期的客观局势变得更加严峻。在这种局势下开展马克思主义理论学术论战也必然受到诸多的限制。为应对这种严酷的局势，日本马克思主义学者们作出了相应的调整。比如，为了使论战能够"合法"地展开，学者们言及政治问题时不再使用政治语言去阐释，而是改为使用经济学的表述。也为此，学者们几乎无法再像之前那样讨论国家权力和战略问题，只能将讨论的重点转向对经济结构的分析方面。此外，即使是言及国家权力的结构时，也只是谈及明治维新时期的结构，却无法讨论当时的现实权力结构。而即便是对日本资本主义进行经济结构的分析，也只能将明治维新时期的资本主义确立过程的分析作为重点。这也就是当时的论战具有很强的历史主义倾向性的真正原因。

简单地说，日本马克思主义经济学派的形成始于 20 世纪 30 年代前后的一场关于"日本资本主义"的论战（1933—1937 年），它同时也是一场为马克思主义经济学在日本学术界确立地位起到了决定性作用的论战。

这场论战的背景其实就是前面提到的 32 年纲领的确立。如前所述，27 年纲领认为，日本共产主义者当时的战略目标应该是"资产阶级民主主义革命"，并断定这场"资产阶级民主主义革命将以

极快的速度转向社会主义革命"。而31年纲领草案曾一度将当前的
革命目标变更为"广泛接受资产阶级民主主义革命任务的同时进行
无产阶级革命",但32年纲领却突然一转,将"具有向社会主义强
行转换倾向的资产阶级民主主义革命"作为真正的目标。而这些转
变都是在共产国际的强力推行下出现的,而为了响应共产国际的
"二阶段革命"战略,战前在日本共产党内占据主流的日本马克思
主义者们最终接受了32年纲领,并开始强调日本资本主义制度中
的封建残存性。比如,野吕荣太郎在《日本资本主义发达史》[1] 中
强调了天皇制的绝对主义、农村的半封建的地主制;山田盛太郎则
在他的《日本资本主义分析》[2] 一书中,强调了日本资本主义的

《劳农》杂志

"半封建性的土地所有制＝半
农奴制的零散农耕";平野义
太郎在他的《日本资本主义社
会的机构》[3] 中,强调了明治
政府的绝对主义具有"物质性
基础"(从地租看出的半奴隶
制关系)与"社会性基础"
(从事工农业的"半封建性的
小规模生产者阶层")的区别。
在野吕荣太郎的指导下,持上
述观点的学者们出版了《日本
资本主义发达史讲座》丛书,
共7卷,于是学界将这些学者
称为"讲座派"。

而坚持"一阶段革命"战
略、与讲座派的认识尖锐对立的是猪俣津南雄和以山川均等人创立

---

① 野吕荣太郎:《日本资本主義発達史》,岩波书店初版1930年发行,补充两篇论
文后再版1983年版。
② 山田盛太郎:《日本资本主義分析》,岩波书店1934年版。
③ 平野義太郎:《日本资本主義社会の機構》,岩波书店1934年版。

的《劳农》杂志为平台的学者们，主要还有铃木茂三郎、向坂逸郎、栉田民藏、土屋乔雄、冈田宗司、伊藤好道等人。猪俣指出，所谓的封建性绝对主义势力不过是"作为制度产物的表现形式，而且主要是作为意识形态的残存"而已，"正在失去其自身阶级的物质性基础"。同时，按照猪俣的理解，"这些绝对主义的残存势力与资产阶级的对立，到了今日早已不是本质性问题，反倒是帝国主义的资产阶级"才是问题的本质。因此，猪俣主张无产阶级必须在社会主义革命的任务之上，担负起彻底完成资产阶级民主主义革命的任务。由于这些学者大多在《劳农》杂志上发表文章，因此被学界称为"劳农派"。

讲座派和劳农派通过各自对当时日本资本主义认识的不同理解，进一步强调了各自不同的革命战略。比如，讲座派因为主张要重视明治维新以后的封建残存制度的存在，所以明确提出需要制定经过资本主义革命后再进行社会主义革命的"二阶段革命论"的革命战略，而劳农派则通过主张要重视明治维新的资产阶级革命性，因而提出直接进行社会主义革命的"一阶段革命论"的革命战略。

这场论战最终因所谓的"共产科学院事件"（1936 年）对讲座派的镇压，以及所谓的"人民战线事件"（1937—1938 年）对劳农派的镇压而被迫中断。之后，直到战败，日本马克思主义社会科学与马克思主义经济学一起被彻底置于政府的严厉监管之下，经历了一段漫长的空白期，各学派的研究也因受到重创而被迫中止。

实际上，这一时期的讲座派和劳农派的论战具有很强的两面性，一方面，两个学派通过论证对于当时的日本经济结构和历史性研究进行得十分深入，使日本资本主义研究达到了一个很高的水平，并为以后的研究奠定了重要的基础；另一方面，由于论战受到客观环境的限制，无法以国家权力和战略问题为对象，弱化了论战之初所具有的政治性和实践性的特点，逐渐丧失了与实践运动的紧密联系，同样对以后的研究产生了很大的影响。

（二）两大学派论战的主要内容

讲座派与劳农派关于日本资本主义的论战，具体而言包括三个方面的内容，分别是关于日本资本主义结构论、关于绝对主义论和关于明治维新论。

山田盛太郎的《日本资本主义分析》

1. 关于日本资本主义结构论

在关于日本资本主义结构论的论战中，山田盛太郎《日本资本主义分析》一书的主张被视为讲座派的代表性观点。山田提出了"将再生产理论用于日本资本主义的具体分析"的独特研究方法，并以此展开分析。他认为这一分析的关键是明确"产业资本的确立过程"，即"这个过程大致贯穿明治 30 年至 40 年时期，即正是日清①、日俄两场战争爆发的时期。因此，这就最终决定了日本资本主义的军事性的、半农奴制的体制形式"。② 而且构成这种日本资本主义体制形式的"根基"在于"半封建的土地所有制＝半农奴制的零散农耕"，③ 山田认为，日本资本主义的体制正是构筑在这样的基础之上的。之后，他进一步解释道："日本资本主义的一个根本性特质就是拥有一个庞大的半农奴制的、零散的耕作基础，由此形成了广泛的半农

---

① "日清战争"即我国所说的"中日甲午战争"（1894 年 7 月 25 日至 1895 年 4 月 17 日）。

② 山田盛太郎：《日本资本主义分析》，《序言》第 1 页。

③ 同上书，第 183 页。

奴性的零散耕作农民以及半农奴性的雇佣劳动者的劳役土壤。在此基础上，存在构筑巨大军事机构＝关键产业体制的可能性。"① 而这一产业又会带动纺织工业中的产业资本的确立。

而从劳农派立场出发，积极展开对讲座派的批判的人是向坂逸郎。他的主张主要收录在《日本资本主义的诸问题》②一书中。他认为：山田所言的"日本资本主义"是不曾发展的资本主义。因为山田确立了日本资本主义在明治 30—40 年时期的基本状况后，至今虽然大约已经过去 30 年，但其观点却没有改变。虽然山田口头上也说发展，但一直在说的半农奴制的日本资本主义模式的本质并没有改变。他批判说，山田完全忽视了日本资本主义对农村的分解作用，以一成不变的"体制形式"去描绘日本资本主义。一个很好的例子就是，山田否定地主的资本家化。也由于没有以发展的视角去分析，山田的理论也不能阐明阶级间的对立。而阐明"阶级分化"正是日本资本主义分析的核心所在，即需要确定哪个阶级在多大程度上处于支配性地位。像山田那样不论什么都是半封建性的认识，既不能明确阶级间的对立关系，更无法明确无产阶级的战略。

在批判了山田的观点后，向坂提出了自己的方法论。首先，他绝不否认日本还残留着浓厚的封建遗留制度，他也承认，这不只是简单的存续，而是垄断资本将封建遗留制度作为必要而一直加以利用。但他认为，不能因为资本主义的"必要"、并强力地维持着封建遗留制度，就以为日本资本主义的封建性"体制形式"是不变的。"也许日本资本主义到它的历史终结时仍残留浓厚的封建遗留制度，并成为新的历史的负担。但是，即使是以这样的预测，封建的残余也时时刻刻在分解，也仍在以强有力的方式进行着。隔一段时间再去看的话，社会的阶级结构将会发生一定的变化，如果有发展的话，则'体制形式'就必然会改变。"③ 此外，他还提出，资

---

① 山田盛太郎：《日本資本主義分析》，第 67 页。
② 向坂逸郎：《日本資本主義の諸問題》，至誠堂 1958 年版。
③ 同上书，第 27 页。

本主义通过资本积累的自身运动，会不断地把残存的非资本主义的阶级和社会阶层卷入资本主义体制之中，这从另一个侧面看，也会导致"阶级分化"，而资本主义的发展同时就是这种"阶级分化"的过程。日本资本主义的分析也需要从这个观点出发去展开。

2. 关于绝对主义论

讲座派在确定日本资本主义的半封建农业性质之后，试图阐明的另一个重要课题就是绝对主义天皇制的问题。首先需要提到的是讲座派关于绝对主义论的重要文献是服部之总的"绝对主义论"。1928年曾刊载于《马克思主义讲座》第9卷，后于次年收录于《明治维新史》附录，1948年再被收录于《绝对主义论》。服部认为，虽然需要承认绝对王政是"资本主义第一个发展时期的产物"，但不能将其本身作为"资本制国家"。不仅如此，还要将"绝对主义的国家形式归属于封建本身的范畴"①。这篇论文不仅成为日本最早的马克思主义的绝对主义论，而且成为之后讲座派的绝对主义论的基础。

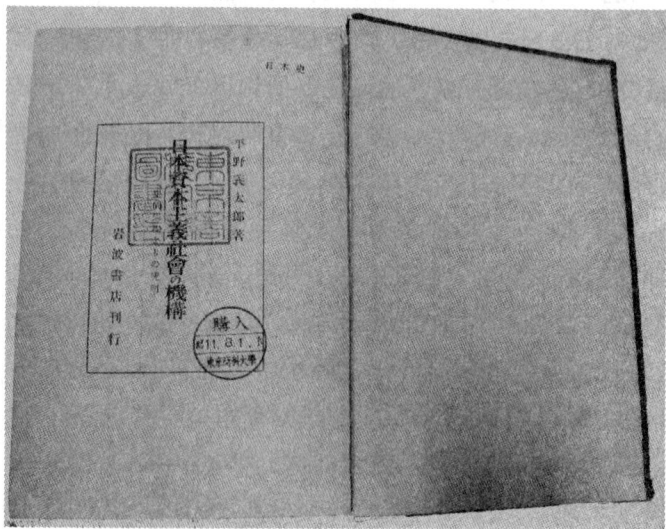

平野义太郎的《日本资本主义社会的机构》

① 服部之総：《绝对主义論》，月曜书房1948年版，第168—169页。

　　此外，如前所述，为了使《日本资本主义发达史讲座》能够"合法"地出版，对于这个问题学者们采取了迂回的策略进行探讨，即没有选取现阶段作为分析的对象，而是回溯到对明治政府的分析。而成为阐述这一问题的代表作的是平野义太郎的诸多文章，后收录在他的《日本资本主义社会的机构》中。平野提出，明治政府本身表现为半农奴性的商品生产和流通的资本主义发展的一个产物，同时也是封建所有制综合的统一体的绝对主义。明治维新是它的开始，经过版籍奉还实现废藩置县则意味着这种政治统治的成立，而且这之后是它的确立过程，这个确立过程完成于明治二十二年的钦定宪法的宣布。[①]

　　此外，平野还强调了明治政府的绝对主义具有"物质基础"与"社会基础"，即沿袭了封建贡赋的地租，以及其他一系列的租税体系表现出来的"半农奴制关系"是绝对主义的"物质基础"；而与此相区别的农业、工业中的"半封建性的小规模生产者阶层"则是其"社会基础"。

　　总体而言，关于"绝对主义"，讲座派的理解在强调明治维新的前近代性方面是一致的，即认为明治维新不是资产阶级革命，而是为形成绝对王权而进行的封建性质的重新整合，强调了其封建性。

　　不过，对于讲座派只强调明治维新的封建性一面，而忽视其资本主义性质的问题，包括讲座派内部的一些学者也提出了批评。而劳农派更是站在了讲座派的对立面，提出了尖锐的批评。如猪俣津南雄指出，所谓的封建性绝对主义势力不过是"作为制度产物的表现形式，而且主要是作为意识形态的残存"而已，"正在失去其自身阶级的物质性基础"。同时，按照猪俣的理解，"这些绝对主义的残存势力与资产阶级的对立，到了今日早已不是本质性问题，反倒是帝国主义的资产阶级"才是问题的本质。

------

① 平野義太郎：《日本資本主義社会の機構》，第253—254页。

此外，对于将"绝对主义"视为封建反动的讲座派存在的"偏见"，战后，白杉庄一郎在《讲座派绝对主义论的再检讨——最近的绝对主义论点的总决算第一部》① 一文中给予了批判。

3. 关于明治维新论

如前所述，对于明治维新的性质，劳农派始终认为是资产阶级革命，而讲座派的认识受到 27 年纲领和 32 年纲领的影响却发生了很大的改变。27 年纲领提出，明治维新是不彻底的资产阶级革命，而 32 年纲领却将其定义为促使绝对王政成立的变革。而这直接导致了讲座派理论在总体上发生了变化，如最初，野吕认为明治维新是资产阶级革命，讲座派的其他理论家们当时也持这种观点。32 年纲领确立后，认为明治维新不是资产阶级革命，而是促使绝对王政成立的变革成为讲座派的主流。又如平野认为，明治维新"如果也绝不是资产阶级民主主义变革的话，则在社会过程中也就不是彻底的资产阶级革命——它既包含封建制的妥协性解除，也在进行着封建所有在全国的统一"，② 成为形成"作为历史范畴的绝对主义"的"开始"。③ 山田则提出，明治维新是"德川幕府封建制的妥协性消除、转化"，由此只能导致"半封建土地所有制 = 半农奴制的零散耕作"为"基础"的"军事的半农奴制的日本资本主义"④ 的形成。此外，小林良正也提出，明治维新不过是"半封建的土壤上，封建的各种限制向全国范围的扩大再生产"，⑤ "明治维新的变革即是向着割据的 = 纯粹封建体制的、全国的 = '明治国家'体制的重组"。⑥

除上述主要强调明治维新的封建性的主流观点外，讲座派中也有在强调其封建性的同时，也强调其资本主义性质的学者，如，服

---

① 白杉庄一郎：《講座派絶対主義論の再検討——最近における絶対主義論議の総決算第一部》，《国民経済》1949 年 9 月。

② 平野義太郎：《日本資本主義社会的機構》，第 263 页。

③ 同上书，第 264 页。

④ 山田盛太郎：《日本資本主義分析》，第 183 页。

⑤ 小林良正：《日本産業の構成》，白揚社 1949 年版，第 81 页。

⑥ 同上书，第 75 页。

部之总就一方面认为"明治政府是彻头彻尾的绝对主义权力"①，另一方面又高度评价了那个时期的资本主义发展，承认"明治维新里包含着资产阶级革命的契机"，并提出著名的幕府末期"严格意义上说是工场手工业时代"的观点。这一观点还曾引发与劳农派的土屋乔雄的一场论战。但服部这种将两种认识统一起来阐述明治维新的观点却是很难阐释清楚的，因为这使他陷入了两难窘境。正如榑西光速等人指出的，这是因为服部一方面过高地评价了资本主义的发展，另一方面又站在讲座派的立场强调封建制的存在，换句话说，就是由于他把32年纲领作为了预设的前提，并始终固执地坚持这一点所导致的结果。②

劳农派的明治维新论的基本观点，即认为明治维新是资产阶级革命的主张是堺利彦早在1921年的《维新史的新研究》一文中就提出来的。他认为，明治维新与英国革命和法国革命一样，是"一种资产阶级革命"，因为都是经济发生了实质性的变化而引发的。只是英国革命的特点是"资本家与贵族的妥协"，法国革命的特点是"无产阶级的猛烈运动"，而明治维新则是"因为外交上受到的军事打击，已经衰败的封建组织突然过早显现崩溃态势，而尚无准备的工商业者集团还无法引领革命运动"，因此下级士族就成为了运动的领导者。③

其次是山川均在《劳农》的创刊号发表的文章④中提出："明治维新的革命是正式宣告了我国从封建主义向资本主义的转换"，然而"由于我国封建社会的特殊情况，当时资产阶级还很弱小，以及产生革命的直接动机的我国的特殊历史情况"，导致成为革命的主角并发挥作用的"不是资产阶级，而主要是下层武士"。于是具

---

① 服部之総：《服部之総著作集》（全7卷），理論社1955年版，第五卷《明治の革命》，第94页。

② 榑西光速等：《日本資本主義の成立》Ⅰ，東京大学出版会1970年版，第237页。

③ 川口武彦編：《堺利彦全集》（全6卷），法律文化社1970—1971年版，第497—501页。

④ 山川均：《政治的統一前線へ!》，《劳農》创刊号，1927年。

有这样特点的明治维新的"结果是，革命后政权并没有直接转移到资产阶级手中，而是落入这些指导分子的手里。这样一来，中世纪的绝对专制政府的痕迹保留下来，资产阶级应有的民主政府并没有诞生，出现的是过渡性的中间政府——所谓的藩阀政府。于是为了确立彻底的资产阶级政权，因此才需要其后的 50 年的岁月。为此，只能说虽然明治维新的本质是资产阶级革命，但它不是资产阶级革命的完成，而是它的开始"。

山川的这篇文章成为劳农派明治维新论观点的原型，之后劳农派基本没有改变这一主张。归纳起来，劳农派的明治维新论的主张是：明治维新是不彻底的资产阶级革命，由此确立的政治权力具有较强的绝对主义性质，而且社会经济中也残留了很多封建因素。尽管如此，在当时的世界历史条件下，这种政权的确立排除了封建土地所有为代表的封建制的各种关系，有力地促进了资本主义的形成、发展。如此成为开拓资本主义发展之路开端的明治维新，即使是由下级武士层指导的、与典型的资产阶级革命相比很不彻底，其本质也必然是资产阶级革命。劳农派正是以这样的明治维新论为出发点，考察日本现状、制定革命战略的。

综上所述，讲座派与劳农派虽然一个强调明治维新的封建性，一个重视明治维新的资本主义性质，但双方学者却都没有完全否认另一方面主张，而正是通过两学派的深入研究和论战，才更加明确了明治维新所具有的两面性，也使学者们更加认识到日本资本主义从确立之初具有的特殊性，为日本的后来研究和实践都打下了理论基础。

特别介绍：河上肇①

战前的日本马克思主义经济学研究中，可谓人才辈出，讲座派有著名的"三太郎"，劳农派有栉田民藏、猪俣津南雄和向坂逸郎。然而，笔者认为，在众多日本马克思主义经济学家之中，最应

---

① 日文维基百科：《河上肇》。

着重介绍的当属河上肇，他不仅为日本马克思主义经济学的开启迈出了第一步，而且对于中国早期的马克思主义者的影响巨大。

河上肇（かわかみ はじめ）（1879 年 10 月—1946 年 1 月）是日本著名的马克思主义经济学家、哲学家。

河上肇 1879 年出生于日本南部的山口县，1898 年考入东京帝国大学（现东京大学）法科大学政治科。1902 年毕业，经过一番周折后，1908 年成为京都帝国大学（现京都大学）

河上肇（1879—1946）

的讲师，从此专注于研究工作。1913—1915 年曾赴欧洲留学，归国后就任教授。1917 年出版其著名的《贫乏物语》① 一书，该书以经济学的视角去探讨贫困问题，全书由"多数人有多么贫困"、"为什么多数人贫困"和"应该怎样根治贫困"三篇组成。由于当时正值一战期间，也正处在日本的大正民主主义风潮中，贫困问题受到广泛关注，因此该书在经过前一年的《大阪朝日新闻》连载之后，一出版即成为当时的畅销书，也成为河上肇的代表著作之一。书中虽有介绍马克思主义经济学的内容，但提出的解决贫困的根本对策在于对奢侈的道德性抑制，即认为贫困的真正原因在于企业专门对富人提供服务，生产了大量不必要的奢侈品，因此若要消除贫困，就需要富人放弃奢侈的生活，显然难具说服力。之后，河上改变将贫困视为道德问题的主张，认为是社会问题，并开始研究社会主义，这本书成为他的这一改变的转折点。1930 年，从马克思主义的立场出发，河上出版了《第二贫乏物语》② 一书，这本书被作为马克思主义的入门书同样

① 河上肇：《貧乏物語》，弘文堂 1917 年版。
② 河上肇：《第二貧乏物語》，弘文堂 1930 年版。

受到很多人的喜爱。

河上肇向马克思主义的转变与他的学生、劳农派的另一位重要代表人物栉田民藏以及福本和夫对他不断进行的尖锐批评有着密切的关系。他曾在 1926 年发表的题为《关于唯物史观的自我清算——改正过去发表的见解和谬误，兼答福本和夫的批评》① 一文中，表明接受栉田民藏和福本和夫的批评。后来他承认，正是这些批判，使他真正理解了马克思主义。

在日本，河上肇被誉为迈出日本马克思主义经济学第一步的伟大的人道主义者、真诚的求道者。早在大正时代，河上肇就与近代日本的另一位伟大的经济学家福田德三（1874—1930 年）以《改造》杂志和河上的个人杂志《社会问题研究》为舞台，多次展开精彩非常的辩论，如河上肇的《评福田博士的"资本增殖规律"》② 与福田德三的《唯物史观经济史出发点的再思考——关于"古代共产制度"的若干考证与传承》③ 中的辩论。在众多的辩论中，有关"马克思《雇佣劳动与资本》的原著"的论战（1919 年）、有关"资本增殖规律"的论战（1921 年）、有关"马克思《资本论》"的论战（1927年）等在吸引人们关注马克思主义及其经济学方面发挥了巨大的作用。《改造》杂志还先后在 1919 年 12 月和 1920 年 2 月编辑出版了《福田·河上两博士论战评论》的特辑。这既是实现从人道主义到马克思主义思想转变的河上肇与自称"资产阶级学者"的福田德三之间的辩论，也是日本围绕引入马克思主义问题展开的最早的学术论战。

此外，河上还曾积极参加共产主义的实践活动。1928 年曾参与大山郁夫的劳动农民党的组建，1930 年因为批评劳农党的错误，

① 河上肇：《唯物史観に関する自己清算——従来発表せし見解の誤謬を正し、かねて福本和夫氏の批評に答う》，《社会問題研究》1927 年。

② 河上肇：《福田博士の：資本増殖の理法》（其の一、其の二），《社会問題研究》31 冊、32 冊，1922 年。

③ 福田德三：《唯物史観経済史出立点の再吟味——〈古代共産制度〉に関する若干の考証と祖述》，《改造》1927 年 5、6 号。

与大山决裂。1932 年加入日本共产党，并参加地下活动。入党后曾协助《赤旗》的编辑工作、参与制作并撰写政治宣传册。期间最为著名的一项工作是最早得到并翻译了共产国际发表的 32 年纲领，并以其在党内使用的本田弘藤的名义发表在《赤旗》特别号上。1933—1937 年河上是在监狱中度过的，狱中他对中国的古诗产生了浓厚的兴趣，并自己做诗，期间他尤其喜欢的是曹操和陆游的诗，出狱后河上还曾出版《陆放翁鉴赏》等著作。走出牢狱后，河上由于依然在行动上受到限制，于是将主要精力放在撰写自传上。战后他虽获自由，但已卧床不起，直到 1946 年 1 月 30 日去世，享年 66 岁。河上一生著述甚多，集中收录在岩波书店出版的《河上肇全集》中，共 36 卷。

还需一提的是，河上又是对我国早期的马克思主义者产生过重要影响的日本学者。据日本学术振兴会特别会员三田刚史的统计，当时在京都大学的中国留学生中 16 人与河上有直接关系，其中关系密切的有漆树芬、王学文。此外，李大钊的《我的马克思主义观》是参考河上的《马克思的社会主义理论体系》写成的，毛泽东也曾阅读多部河上的著作。他的书被译成中文的也非常多。据三田刚史的统计，单行本即有 19 种之多（包括各种版本的话则多达 37 种），论文约为 60 种（包括不同版本）。

三　两大学派的代表人物及重要成果

（一）讲座派的代表人物：野吕荣太郎、山田盛太郎、平野义太郎

1. 著名的"讲座派三太郎"

野吕荣太郎（のろえい たろう）（1900 年 4 月 30 日—1934 年 2 月 19 日），日本著名的马克思主义经济学家，二战前是日本共产党的理论指导者之一，并作为委员长领导共产党，参与实践活动①。

---

① 日文维基百科：《野吕荣太郎》。

野吕荣太郎（1900—1934）

野吕出生于北海道。小学二年级时因患关节炎而截去一肢，也因此未能进入公立的初中、高中，而是毕业于旧制北海中学（现北海高等学校）和庆应义塾大学理财课（现经济学部）。他在北海中学时就成绩优秀，被称为"北海的秀才"。

大学期间，野吕参加了向井鹿松的讨论课，也听小泉信三的授课，同时还在猪俣津南雄的指导下进行研究。此外，他还给前辈野坂参三设立的产业劳动调查所帮忙，积极参加社会科学研究、革命运动，并担任日本学生联合会的关东代表委员。1926 年野吕写作的毕业论文题为《日本资本主义发达史》。

1930 年 1 月野吕加入日本共产党，2 月铁塔书院出版了他的《日本资本主义发达史》一书，由于这本书对马克思理论研究具有的新贡献，不仅使他成为日本共产党的重要理论指导者之一，而且成为共产国际日本本部的日本共产党的负责人。1932 年 2 月，野吕成为日本共产党中央委员，1933 年 5 月，成为委员长。1932 年 5 月至 1938 年 8 月野吕策划并编辑了《日本资本主义发达史讲座》（共 7 卷，岩波书店），这是一部以野吕荣太郎、服部之总、羽仁五郎、平野义太郎、三田盛太郎等为中心的、集结了众多党内外优秀马克思主义理论家共同完成的，对于日本资本主义的历史、经济、社会、文化进行了综合性研究的论著，它奠定了讲座派的理论基础。此后，在与劳农派的日本资本主义论战中，野吕与山田盛太郎、平野义太郎一道成为讲座派的中心人物。之后，由于日本共产党受到打压，野吕不仅活动转到地下，而且历经磨难，身体状况急剧恶化，1933 年 11 月再遭逮捕，屡经拷问，身患病症愈发加重，1934 年 2 月病逝于东京北品川医院，年仅 33 岁。

1974 年日本共产党为纪念野吕逝世 40 周年，特别设立野吕荣

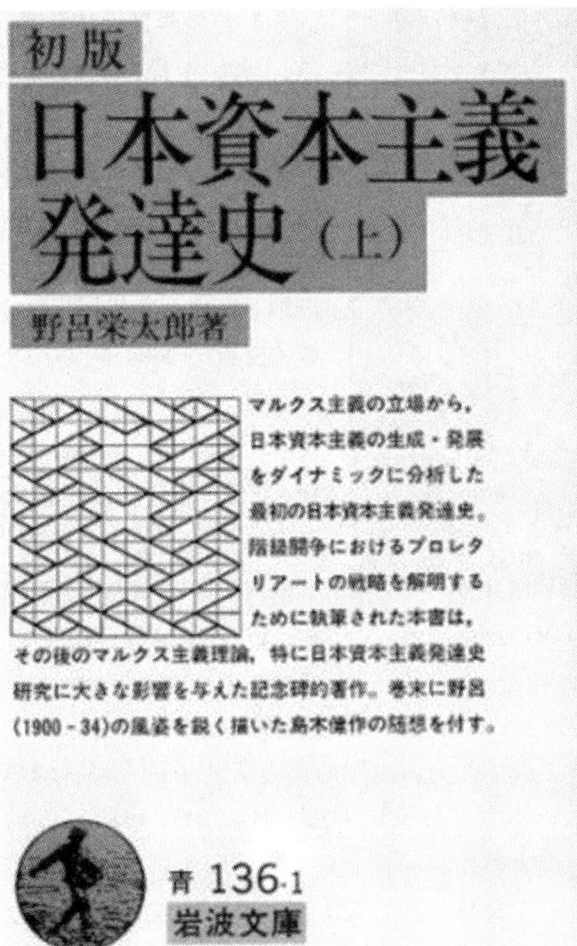

野吕荣太郎的《日本资本主义发达史》

太郎奖，奖励从科学社会主义立场出发的社会科学的优秀研究者们，每年颁奖一次，直至 2005 年停止。

山田盛太郎（やまだもりたろう）（1897 年 1 月 29 日—1980 年 12 月 27 日）。日本著名的马克思主义经济学家，讲座派的代表人物。[1]

山田出生于日本爱知县，1923 年毕业于东京帝国大学（现东京

---

[1] 日文维基百科：《山田盛太郎》。

山田盛太郎（1897—1980）

大学）经济学部经济学科，并留校任教，1925 年晋升为副教授。1930 年因"共产党同情者事件"被迫辞职，1936 年再因"共产科学院事件"入狱。1945 年战后，复归东京帝国大学经济学部教授之职，并兼任法学部讲师。之后，曾先后担任中央工资委员会委员（1946 年）、中央农地委员会委员（1947 年），并参与战后农地改革，在政府中为战后日本经济的恢复提出政策、建议。1948—1975 年山田担任土地制度史学会的代表理事。1950 年任东京大学经济学部部长，1957 年退休。退休后曾先后担任专修大学商经学部教授、龙谷大学经营学部教授。1980 年因病去世，享年 83 岁。

山田在二战前作为讲座派的代表活跃于日本经济学界，特别是他的《日本资本主义分析》（岩波书店 1934 年版）一书不仅是当时讲座派的代表著作，而且对日本经济研究产生了重大影响。书中提出日本资本主义是一种特殊类型的资本主义，具有与欧美不同的性质，他将其称为军事的半农奴制的资本主义。山田的研究对于引发学者们关注日本资本主义的特殊性具有非常积极的作用，但也被劳农派和宇野派批评为存在着僵化于"类型"分析的问题。

总体而言，山田的研究主要集中于《资本论》第 2 卷第 3 篇的再生产图式和日本资本主义分析上，代表作除了《日本资本主义分析》外，还有《山田盛太郎著作集》[①]（包括 5 卷、别卷）。

平野义太郎（ひらのよしたろう）（1897 年 3 月 5 日—1980 年

---

① 山田盛太郎：《山田盛太郎著作集》（全 5 卷·别刊），岩波書店 1983—1985 年版。

2 月 8 日），日本马克思主义法
学家、中国问题研究者、和平
运动家。[1]

平野出生于东京，1921 年
东京帝国大学（现东京大学）
法学部毕业后留校任教。
1927—1930 年在德国法兰克福
大学留学期间，开始研究马克
思主义理论。与山田盛太郎一
样，先后于 1930 年因"共产
党同情者事件"被迫辞职，
1936 年又因"共产科学院事
件"而被捕入狱。二战后，从
1950 年起连续 20 年担任日本
和平委员会会长，成为和平运动家。

平野义太郎（1897—1980）

平野虽然最早研究的是民法、日耳曼法，但使他闻名的却是参
与《日本资本主义发达史讲座》的编撰，以及作为讲座派的代表参
与的日本资本主义论战。此外，他还是中国问题研究专家，曾先后
出任日本的中国研究所所长（1946—1960 年）、现代中国学会
（现：日本现代中国学会）的干事长、会长（1951—1960 年）等
职务。

平野的代表作除了在日本资本主义论战中产生巨大影响，并代
表了讲座派关于绝对主义论的主要观点的《日本资本主义社会的机
构》（岩波书店 1934 年版）一书外，还有《日本资本主义社会的
机构和法律》[2]，以及在他去世后出版的《平野义太郎著作集》[3]
等。1980 年平野去世，享年 82 岁。

---

① 日文维基百科：《平野義太郎》。
② 平野義太郎：《日本资本主义社会の機構上法律》，明善书店 1948 年版。
③ 平野義太郎：《平野義太郎著作集》（全 6 卷），白石书店。

2. 优秀的研究成果

如前所述，《日本资本主义发达史讲座》①（以下简称为《发达史讲座》，共 7 卷）是在野吕荣太郎的指导下策划并出版的战前讲座派的代表著作。由于当时的野吕参与了很多党的活动，因此他本

《日本资本主义发达史讲座》

人并没有参与写作，主要的执笔者是山田盛太郎、平野义太郎、大塚金之助、小林良正、服部之总、羽仁五郎、山田胜次郎等人。由于这些人在关于日本资本主义的经济结构、特别是半封建的农业结构的分析上观点相同，而《发达史讲座》是以 32 年纲领为基调形成的理论文集，因此这些学者就被称为"讲座派"。这套书收录了讲座派与劳农派的《日本资本主义论战》，讲座派主要代表人物及其代表性文章，反映了当时讲座派的观点和主张。书中涉及历史、现状和诸多理论问题，体现了论战问题的多样程度。这部著作不仅对当时的社会科学研究者产生了重大影响，很多著作即使对现在的

---

① 野呂栄太郎ら：《日本資本主義発達史講座》（全 7 卷），岩波书店 1932—1933 年版。

研究仍具有重大的影响力。

这部著作不仅代表了战前讲座派的理论最高水平，而且反映了日本马克思主义经济学研究的较高水平，很多观点甚至在日本国外都产生了很大影响。

以下是各卷的目录及撰稿人，从中可以看出全书的研究主题及当时讲座派的主要学者。

第1卷　第1部　明治维新史

幕末社会经济状态、阶级关系以及阶级斗争前篇·后篇（羽仁五郎）

幕末政治的支配形式（羽仁五郎）

幕末的世界形势及外交事情（服部之总）

幕末的政治斗争（羽仁五郎）

索引

第2卷　第1部　明治维新史

明治维新的革命及反革命（服部之总）

明治维新中制度上的变革（羽仁五郎、伊豆公夫）

封建的身份制度的废止、秩禄公债的发行及武士的济贫（中岛信卫）

明治维新中农业上的诸变革（山田盛太郎）

明治维新中工商业上的诸变革（小林良正）

明治维新的诸变革带给生活方式的诸影响（玉城肇）

明治维新中政治的支配形式（平野义太郎）

伴随明治维新变革的新的阶级分化和社会的政治运动（平野义太郎）

第3卷　第2部　资本主义发达史

农业中资本主义的发达（山田胜次郎）

工业中资本主义初期的诸形态、工场手工业·家庭手工业（山田盛太郎）

工场工业的发达（山田盛太郎）

矿山开发业的发达（丸山一郎）

交通机构的发达和内外市场的形成＝展开上·下（小林良正）

银行业及其他金融业的发达（木村恒夫）

资本积累和经济危机（大塚金之助、渡边谦吉）

第4卷　第2部　资本主义发达史

农民的状态及农民运动小史（稻冈进）

劳动者的状态及劳动者运动史上·下（小川信一）

文化运动史　第1编　无产者前史时代的文学　附戏剧运动概观（秋田雨雀）

文化运动史　第2编　无产者文化运动史（山田清三郎）

经济思想史要领（大塚金之助）

教化史（山下德治）

自然科学史　第1编　数学史（小仓金之助）

自然科学史　第2编　自然科学史（冈邦雄）

第5卷　第2部　资本主义发达史

资产阶级民主主义运动史（平野义太郎）

政党及宪政史（田中康夫）

议会及法制史（平野义太郎）

财政史（风早八十二）

条约改正及外交史（服部之总）

战争史（田中康夫）

殖民地政策史（秋笹正之辅）

第6卷　第3部　帝国主义日本的现状

最近的国际形势（铃木小兵卫）

最近的经济形势和经济危机上·下（井汲卓一）

农村经济和农业危机（相川春喜）

最近的政治形势史　改订版（坂本三善）

最近的殖民地政策·民族运动　改订版（铃木小兵卫）

最近的阶级诸运动（西雅雄）

第7卷　第4部　日本资本主义发达史资料解说

世界资本主义发达史文献解题（大塚金之助）

明治财政·经济史文献（大内兵卫、土屋乔雄）

农民史料解说（小野武夫）

日本社会主义文献解说（细川嘉六）

归纳起来可知，这部巨著的内容可以包括四大部分：第一部分是关于"明治维新史"的内容，其中包括第1、2两卷。第1卷主要是介绍明治维新前，即幕府末期的日本社会、经济状况以及国内外的形势。第2卷主要是讲述明治维新带给日本社会的变革，内容既涉及农业、工商业等经济领域的变革，也包括制度、生活方式以及政治运动等社会、政治领域的变化。第二部分是关于"资本主义发展史"的内容，包括第3、4、5三卷。第3卷重点介绍了日本在资本主义发展初期，从农业、工业、矿山业到交通、银行业等各主要行业的发展状况。第4卷则着重从社会运动方面阐释了当时日本社会的农民运动、工人运动以及文化运动的状况，并对经济思想史、教化史以及自然科学史的发展也作出了分析。第三部分是关于"帝国主义日本的现状"的内容，即第6卷。这一卷涉及日本国内外的形势、经济危机的状况，以及国内民族运动、阶级运动，国外的殖民地政策等多方面内容。最后一部分是对于相关资料的解说，即第7卷。包括对世界资本主义的文献、日本社会主义文献以及日本经济史、农民史等方面文献的解说。

从上述四部分内容可以看出，这部著作涉及面非常广泛，资料也极为丰富，虽然是在二战前日本政府大肆镇压马克思主义者的艰难环境之中完成的，但却对日本这个后发展起来的资本主义国家给予了非常详尽而深入的研究。也得益于这些研究，才使得日本的马克思主义者明确了日本资本主义发展所具有的独特性，为后来马克思主义经济学各学派始终重视对日本资本主义的分析，以及强调日本资本主义发展的特殊性的特有的分析方式奠定了坚实的基础。因此，时至今日，这部著作依然受到日本马克思主义经济学者们的高度重视，更被讲座派、如今被称为正统派的学者们奉为学派的经典。

（二）劳农派的重要代表：栉田民藏、猪俣津南雄、向坂逸郎

栉田民藏（くしだ たみぞう）（1885 年 11 月 16 日—1934 年 11 月 5 日），日本著名马克思主义经济学家，战前劳农派的主要代表人物之一。[①]

栉田民藏（1885—1934）

栉田生于日本福岛县。1908 年毕业于东京外国语学校德语科，之后考入京都大学，师从河上肇，后在东京帝国大学（现东京大学）读研究生期间师从高野岩三郎。1912 年毕业后，历任大阪朝日新闻论说委员、同志社大学教授、法学部部长。1919 年成为刚刚建成的东京帝国大学经济学部的讲师，1920 年因"森户事件"被迫辞职后，进入恩师高野岩三郎创立的大原社会问题研究所工作。之后不久，与久留间鲛造一同赴欧洲，主要是去德国、法国、苏联调查社会主义文献，1922 年回国。在大原社会问题研究所期间，栉田研究了唯物史观和马克思主义经济学的价值论。此后，栉田由于对恩师河上肇的马克思解释的直言批评，以及对高田保马和小泉信三等人的马克思价值论批判的反批判而广为人知，并将日本马克思主义经济学研究提升到国际水平。30 年代后栉田专注于马克思的地租理论的研究，因主张日本的佃租是前资本主义地租而与讲座派的观点对立。1934 年 11 月栉田因病去世，年仅 48 岁。病逝前作为劳农派的主要代表人物在与讲座派的日本资本主义论战中表现活跃。

----

① 日文维基百科：《栉田民藏》。

栉田民藏的代表作有 1925 年的《关于马克思价值概念的一个考察——对于河上博士的"价值人类牺牲说的"若干疑问》① 等。其主要著作在他去世后，收录于由高野岩三郎、大内兵卫等人于1935 年编辑出版，1947 年再版的《栉田民藏全集》②（共 5 卷）之中。

猪俣津南雄（1889—1942）

猪俣津南雄（いのまたつなお）（1889 年 4 月 23 日—1942 年 1 月 19 日），日本著名经济学家，马克思主义经济学劳农派的代表人物。③

猪俣出生于新潟县新潟市，毕业于长冈中学、早稻田大学专门部。1915 年赴美国留学，先是在威斯康星大学学习农业经济学，后在哥伦比亚大学研究哲学，7 年后取得博士学位归国。在美留学期间，精通英、德、俄三种语言的猪俣即已深入研究了马克思主义理论，曾在纽约为旅美的日侨社会主义小组讲授过列宁的《国家与革命》，还作为"在美日本人社会主义团"的主要成员，积极协助了美国共产党的建党工作。

1922 年猪俣回国后，任教于早稻田大学，主要讲授经济学说史和农业政策等课程。1923 年 2 月加入日本共产党，后因"第一次共产党事件"而被捕，并被迫辞去大学职务。出狱后，虽然猪俣与福本同属于反对山川均的左派，但猪俣也反对福本的"分离→结

---

① 櫛田民蔵：《マルクス価値概念に関する一考察——河上博士の〈価値人類犠牲説〉に対する若干の疑問》，《大原社会問題研究所雑誌》3 巻 1 号，1925 年。
② 櫛田民蔵：《櫛田民蔵全集》（全 5 巻），改造社 1947—1949 年版。
③ 日文维基百科：《猪俣津南雄》。

合"论，也是由于与福本的见解不同，猪俣没有参与日本共产党的重建，也没有加入重建后的日本共产党。1927 年《劳农》杂志创刊后，作为劳农派初期的理论家、经济评论家，猪俣还积极在《中央公论》、《改造》等杂志发表文章。猪俣除了为当时的日本学界开拓了金融资本论、帝国主义论等全新研究领域外，对通货膨胀、农村等问题也都有广泛的涉猎和研究。1929 年 10 月，猪俣与劳农派也断绝了关系。此后，专心于著述，成果丰富。1937 年 12 月，因"人民战线事件"再次被捕，1939 年因肾炎恶化得以出狱入院治疗。1942 年因病去世，享年 52 岁。

猪俣著述很多，代表作有《金融资本论》[1]、《帝国主义研究》[2]、《没落资本主义的"第三期"》[3]、《日本的垄断资本主义》[4]、《踏查报告 贫困的农村》[5]、《农村问题入门》[6] 等。

向坂逸郎（さきさか いつろう）（1897 年 2 月 6 日—1985 年 1 月 22 日），日本著名的马克思主义经济学家、社会主义思想家，劳农派的重要代表人物，曾担任九州大学教授、社会主义协会代表。[7]

向坂生于福冈县大牟田市，1921 年东京帝国大学（现东京大学）经济学部毕业，留校做助手。据说，还在高中就读时，向坂为了学习德语，开始阅读马克思的著作，从此迷上了马克思主义理论。1922—1925 年赴德国柏林留学，留学期间，向坂专注于马克思主义相关著作的阅读，就此基本确立了马克思主义的世界观。由于当时德国正处在第一次世界大战后爆发的严重通货膨胀时期，马克贬值，向坂借此机会利用外汇收集了大量的有关马克思主义的珍贵著作，可以说这个时期为向坂成为马克思主义文献的收集家奠定

---

① 猪俣津南雄：《金融资本論》，改造社 1930 年版。

② 猪俣津南雄：《帝国主義研究》，改造社 1928 年版。

③ 猪俣津南雄：《没落资本主義の〈第三期〉》，大衆公論社 1930 年版。

④ 猪俣津南雄：《日本の独占资本主義：特に金融资本の恐慌対策》，南北書院 1931 年版。

⑤ 猪俣津南雄：《踏查窮乏の農村》，改造社 1934 年版，岩波書店 1982 年版。

⑥ 猪俣津南雄：《農村問題入門》，中央公論社 1937 年版。

⑦ 日文维基百科：《向坂逸郎》。

了基础。

从德国归国后，向坂就任九州帝国大学（现九州大学）副教授，第二年（1926 年）即晋升为教授。同时，他还成为《劳农》杂志的知名撰稿人和评论家，并已成为日本马克思主义经济学家中的代表人物之一，而当时向坂还不到 30 岁。

1928 年作为马克思主义者的向坂受到当局的压力，被迫辞去九州帝国大学教授的职

向坂逸郎（1897—1985）

务，移居东京后参与了《马克思恩格斯全集》的编辑和翻译工作。同时，作为劳农派的代表人物积极参与了 1928 年开始的"地租论战"、30 年代的"日本资本主义论战"。

日本战败后，马克思主义研究和社会主义运动再次成为可能，1946 年向坂发表了论文《关于历史的规律——社会革命的展望》①，及时地提出日本革命的形式应是和平革命。此外，作为马克思主义经济学者，这个时期向坂出版了很多重要著作，如《经济学方法论》②、《马克思经济学的方法》③、《马克思经济学的基本问题》④、《马克思传》⑤ 等。还以岩波文库的形式翻译、出版了《资本论》⑥、《共产党宣言》⑦ 等书的日文译本。此外，向坂还主持福冈

---

① 向坂逸郎：《历史的法则について——社会革命の展望》，《世界文化》1946 年 9 月号。

② 向坂逸郎：《経済学方法論》，河出书房 1949 年版。

③ 向坂逸郎：《マルクス経済学の方法》，岩波书店 1959 年版。

④ 向坂逸郎：《マルクス経済学の基本問題》，岩波书店 1962 年版。

⑤ 向坂逸郎：《マルクス伝》，新潮社 1962 年版。

⑥ 向坂逸郎訳：《資本論》，岩波书店 1947 年版。

⑦ 向坂逸郎、大内兵衛共訳：《共産党宣言》，岩波书店 1951 年版。

（九州大学）和东京两地的各种研究会，培养了众多的马克思主义研究者。他在这些弟子和学界朋友的帮助下，编辑完成了《马克思恩格斯选集》①（共 12 卷、别卷 4 卷）这部巨著。

1951 年向坂与山川均等人共同创建了社会主义协会，不仅成为日本社会党左派的理论代表，还参与了左社纲领的制定。1958年山川去世后，向坂成为社会主义协会的中心人物，他与总评的太田薰、岩井章一起批评社会党的重新统一，受到媒体的关注。

向坂除了在大学授课、发表言论外，还将社会党和工会的活动家们召集到家里，给他们讲《资本论》，并经常亲赴全国各地的学习会，致力于对劳动者的教育活动。因此，向坂在社会主义协会的活动家中间成为领袖级的人物。而他在福冈县三井三池煤矿培养的活动家更是成为 1960 年三池斗争的主要力量，虽然这场斗争以失败告终，但向坂的思想对活动家们产生了重大影响。之后，向坂派社会主义协会很长时间成为社会党的核心力量。

向坂晚年，由于身边的学者相继转向西欧型社会民主主义，离他而去，向坂一直为保持社会主义协会的团结而苦思焦虑。1985年 1 月向坂去世，享年 87 岁。向坂去世后将一生收集的大量马克思主义文献赠与法政大学大原社会问题研究所。

向坂的主要功绩在于《资本论》研究、马克思主义文献的收集和翻译、对社会活动家的培养和教育等。

综上所述，二战前的日本马克思主义者虽然身处艰难环境，但他们依然能够坚持理论研究和社会实践相结合，不论是在社会主义运动方面，还是在马克思主义理论的研究方面都取得了诸多成就。虽然当时的马克思主义者的主流接受的是共产国际为他们制定的纲领，但他们也并非简单地以纲领为指导去开展运动，比如，作为社会主义运动主流的日本共产党就通过对日本资本主义更为仔细的分析，使得纲领合理化，并寻求赋予其充实的内涵。首先做到这一点

---

① 向坂逸郎编：《マルクス・エンゲルス選集》（全 12 卷、别卷 4 卷），新潮社 1956—1962 年版。

的是野吕荣太郎，而将其进一步完成的是山田盛太郎。也由此，讲座派关于日本天皇制是绝对的君王体制，日本资本主义是半封建性的观点成为日本马克思主义经济学的主流。

此外，讲座派和劳农派通过各自对当时日本资本主义认识的不同理解，还为当时的日本共产党提出了不同的革命战略。比如，讲座派因为主张要重视明治维新以后的封建残存制度的存在，所以提出了需要制定经过资本主义革命后再进行社会主义革命的"二阶段革命论"的革命战略，而劳农派则由于主张要重视明治维新的资产阶级革命性，因而提出直接进行社会主义革命的"一阶段革命论"的革命战略。

可见，战前日本马克思主义经济学者是围绕日本共产党的革命战略的制定产生分歧，进而展开论战分成两个阵营，最终形成讲座派和劳农派两个学派。虽然后期由于政府的镇压，论战无法就现阶段、政治相关论题展开讨论，不得已转向对日本资本主义的经济结构分析、对明治维新的性质、绝对王政的历史研究，但目的依然是为前期对于当时国家政权的性质、革命战略的制定而展开的，最终讲座派以主张二阶段革命论、劳农派以主张一阶段革命论而形成各自学派的特点，并一直延续到战后相当长的时间。

第 二 部

二战后五大学派在并存中发展

第 三 章

二战后的日本资本主义

（1945—1990 年）

一 美国占领下的日本资本主义（1945—1955 年）

（一）美国初期占领政策下的民主化

　　1945 年的战败给日本造成了巨大的人员、物质财富以及自然环境的破坏，深刻的经济混乱和国民生活的贫困使得日本资本主义的发展遭受到前所未有的重创。一方面，战争对工业生产能力的巨大破坏导致工业生产的大幅度下降，工业生产以 1935—1937 年为

1945 年，战败后的日本

100%的话，战败时下降到不足10%，即使经过一年多的恢复后，1946年9月也只恢复到30.4%，1947年又再次下降。煤炭、电力的需求1945年9月只有43%，煤炭生产1945年11月甚至降到只有16%。[①] 另一方面，军需工业的全面关闭，生产活动的停止，大量军队复员人员的归国，使得失业人口激增。粮食生产的下降和从朝鲜进口路径的阻断，又导致了严重的粮荒。而战后政府对军需企业战时补偿的支付、对复员军人的补贴的发放，都导致货币的巨额发行，引发严重的通货膨胀。在战争的破坏、大量失业、粮荒和居住困难、严重的通货膨胀的状况下，战后日本国民生活的贫困可想而知。

面对日本战后的困难局面，实现了事实上的单独占领的美国，在政治层面，选择了利用日本现有的统治机构的间接统治的方式，即不但没有追究天皇制国家权力的战争责任、并彻底摧毁这一权力，还维持了日本国民与这一权力之间的关系，美国对日本采取了与其他战败国完全不同的战败处理政策，这也为战后日本始终无法彻底清算侵略战争留下了隐患。

美国政府对日本初期占领的政策主要集中在"非军事化"和实行"民主化"两个方面。为了破坏日本的军事能力，实现"非军事化"，初期占领政策中除了采取解散军队等战争机构、惩治战争罪犯并大规模清洗军国主义分子等有效措施外，还实行了彻底禁止日本与军需相关的生产，并施行严格的实物赔偿的方针等措施，后者无疑对日本经济的恢复是重大的打击。在经济层面，占领初期的政策主要是推行解散财阀和排除经济力量过度集中、农地改革、劳动改革等一系列战后改革。可以说，这些改革尽管由于后来占领政策的转变而未能彻底完成，但却是在通常的资本主义体制下无法想象的重大变革，不仅有助于在经济领域发展民主势力、铲除滋生军国主义的社会基础，而且为战后的日本资本主义经济体制的形成提供了前提。

---

① 長島誠一：《戦後の日本資本主義》，桜井書店2001年版，第21—22页。

在"民主化"方面，美国在"初期的对日方针"中明确提出：奖励"民主主义基础上组织起来的劳动、产业以及农业中的组织的发展"，而在"初期的基本指令"中具体提出，废除对劳动的战时统制，恢复"劳动保护立法"以及"对于沿着民主路线的被使用者组成的组织，撤销所有的法律上的障碍"。1945 年 12 月 22 日公布了日本历史上第一部承认工会的法律——《工会法》，并于 1946 年 3 月 1 日实施。《工会法》的制定强化了日本劳动者、国民对劳动基本权利的自我意识，促进了战后日本工会运动、社会主义运动的兴起。

此外，美国还于 1947 年 4 月 7 日促成了在 1911 年制定的《工厂法》基础上，做了大幅度修改后制定的《劳动基本法》的公布，并于 9 月 1 日部分实施，11 月 1 日全面实施。《劳动基本法》原则上扩大到适用于所有的雇佣劳动者，内容以改善劳动条件为中心。而且，为了保证《劳动基本法》的有效实施，还制定了摆脱地方势力压力的、独立于政府之外的劳动基准监督官制度，以保证对《劳动基本法》实施的监督。此外，这一时期还相继出台了《劳动者灾难补偿保险法》和《失业保险法》等。日本国会于 1947 年 8 月 28 日通过了《劳动省设置法》，9 月 1 日正式实施。劳动省的设立标志着日本劳动体制改革基本完成。

在新的劳动体制之下，随着战后日本国民的觉醒，战前被压抑的民主政治势力迅速崛起，并成为工人运动的核心和领导力量，战后初期日本工会组织也得以迅速发展壮大，都促进了工人运动的蓬勃开展。日本工人的组织率由 1945 年末的 3.2% 上升到 1946 年 4 月的 40%，1948 年更达到 55.8%。[①] 在工会的组织下，日本工人还展开了各种形式的斗争，其中以反解雇斗争和生产管理斗争的形式尤为突出。

---

① 王振锁、徐万胜：《日本近现代政治史》，第 235 页。

（二）美国占领政策转换后的保守化

正值美国大力推行其占领初期的民主化政策之时，1947年以美苏为首的世界两大阵营的冷战局面正式形成，特别是1949年9月苏联原子弹试验的成功、10月中国共产党建立中华人民共和国后，美国为了将日本建成其在亚洲的"反共壁垒"和"反共工厂"，对日占领政策作出重大"转变"：由过去的"非军事化"和"民主化"转向一方面经济上扶植日本、促其经济的复苏，另一方面强行推动签署了《对日和平条约》和《日美安全保障条约》等条约，以确保其对日本的控制。

1. 经济上的扶植，大企业获利

美国为促进日本经济的复苏，在经济方面主要采取的政策有两个，即"经济复兴政策"和"经济安定九原则"。

第一，向大企业倾斜的"经济复兴政策"，主要包括以下三个方面的内容。

一是建立复兴金融金库（1947年1月至1948年3月），简称"复金"。通过复兴金融金库累计贷款2951亿日元，贷款纯增加额高达1320亿日元，[①]为活跃融资活动发挥了极大的作用。不过，虽然复金融资给重要产业带来了巨大利益，并促进了生产活动的重启，但巨额的融资引发的生产扩大的效果却非常小，反而引发了被称为"复金通胀"的通货膨胀。这种通货膨胀实际上是剥夺国民的一部分实际收入供给了重要产业的大企业，给战后已经极度贫困的国民生活造成了更大的困难。

二是制定补助金制度。这一制度的目的表面上是为了实现"物价和工资调整"和"安定"，实际上依然是一个只对重要产业的大企业有利的政策。补助金制度的主要内容是建立一个"新的价格体系"，实际上是一种对于生产和购买重要基础性物资的企业极为有

---

① 井村喜代子：《現代日本経済論——戦後復興、〈経済大国〉、90年代大不況》（新版），有斐閣2000年版，第52页。

利的优惠政策，却起到了抑制劳动者工资的作用。

三是美国的对日援助。这是"经济复兴政策"的辅助内容。美国的对日援助主要是通过"援助进口"实现的，即美国直接通过占领地救济资金（GARIOA）和占领地经济复兴资金（EROA）收购物资交给日本贸易厅的形式实现的。这两项援助资金中，前者具有救济的性质，主要用于防止占领地区的饥饿、疾病和社会不安，以粮食、化肥、石油及医药物资为主；后者以复兴占领地区经济为目的，以棉花、矿产品等工业原料及机械为主，用于增强占领地区经济的自给能力。

第二，以保障美国利益为目的的"经济安定九原则"。

1948 年 10 月 7 日，美国国家安全委员会正式作出 NSC13/2（《美国关于对日政策的劝告》）决议，提出"从美国的安全保障利益出发，今后美国对日政策的主要目的应该是经济复兴"[①]。为实现这一目的，美国随即为日本制定了必须实现预算平衡、加强税收、控制金融贷款、稳定工资、加强物价统制、加强外贸外汇管理、改善配给制度、增加生产、提高粮食配给效率的"经济安定九原则"。而约瑟夫·M. 道奇又通过"三紧四缓"政策手段——"道奇计划"具体实施了这一原则。所谓"三紧"就是：编制"超平衡紧缩预算"；强化税收；停止复兴金融金库贷款业务。"四缓"则是：维持财政补贴；增加对日援助；设立美国对日援助回头资金；金融缓和。道奇计划虽然在稳定日本经济、抑制通货膨胀方面、在促使日本从封闭经济转向开放经济方面以及在促使日本由统制经济转向市场经济等方面发挥了积极的作用，但他的紧缩政策也导致了日本大量失业的出现、竞争力薄弱的中小企业的倒闭潮、国内需求的缩小等问题，引发严重的经济萧条，即被称为"道奇萧条"。

2. 政治上转向保守化，工人运动受挫

随着美国对日占领政策的转变，1949 年中期以后，日本政府

---

① 井村喜代子：《现代日本经済論》，第61页。

一方面大量解雇工人，一方面通过改变劳动法规和"经济安定九原则"制定的严厉政策，剥夺、限制反对解雇运动的工人们的权利。此外，日本政府开始公开镇压工人运动，特别是由于当时以苏联为首的社会主义国家不断发展壮大，吉田茂内阁更是配合美国占领当局遏制日本共产主义的政策目标，将日本的共产主义者及其同情者从政府部门和大企业中大批清洗出去。并利用 1949 年 7、8 月间的三起事件，即"下山事件"、"三鹰事件"和"松川事件"大做文章，以共产主义者挑起社会不安、事件是共产党和工会干部所为等为借口，大肆逮捕共产党员和工会活动家，对于当时的共产党活动和工人运动造成毁灭性的打击，使其几乎陷入停滞状态。由于工人运动陷入混乱局面，资方的大规模解雇在几乎未曾受到反抗的情况下得以实施，导致工人逐渐远离工人运动。而道奇计划导致中小企业的大量倒闭、经营陷入困境，使得战后许多中小企业的工人受资方观念影响，工会产生提升工资的要求，引发企业破产、经营陷入困境的想法，出现配合资方维护企业的局面，进而提出所谓"工会无用论"，工会组织率急速下降。

此外，面对美国占领当局和日本政府的高压政策，工会内部围绕着是应该与经济复兴和道奇计划合作、还是要与劳动法规的变更和对劳动争议的压制展开斗争等问题出现严重的对立和分裂，而占领当局通过奖励和资助迎合占领政策的劳动运动一方的方法，进一步加剧了这种对立和分裂。如果说美国占领当局和日本政府的镇压以及工会内部的对立和分裂导致了 1949 年末日本工人运动几乎陷入毁灭性的状态，那么朝鲜战争爆发后的打击则是具有决定性的。

可见，通过占领政策的改变，日本资本主义秩序得以重新修复。一方面，道奇计划实现了抑制通胀、确立均衡的财政、设定单一汇率、大规模整理人员、淘汰质劣弱小企业的政策目标，促使日本产生出以重要产业的实力雄厚的大企业为中心的、强力推行强化国际竞争力的经济运行机制。另一方面，道奇计划与劳动法规变更相配合，一举削弱了战后曾一度拥有较强发言权的工会组织，并强化了工会组织与占领军合作配合经济发展的组织方向。

3. "朝鲜战争" 为高速增长奠定基础

总结起来，1950 年 6 月至 1953 年 7 月的朝鲜战争给日本经济的影响主要有以下两个方面：

第一，朝鲜战争爆发后，由于战争特需和出口的扩大以及外汇收入的快速增加，日本经济短时期内得到迅速恢复。据统计，朝鲜战争的三年时间里，日本工矿业生产和劳动生产率分别增加了93%和90%，国民收入、实际工资、消费水准增加了 31%—40%，进出口额分别增加了 148%和 22%。若以 1934—1936 年为基准年度，与二战前相比，1953 年的主要经济指标显示：工矿业生产已达到 161%，农业生产 98%，劳动生产率 117%，人均国民实际收入 106%，进口 81%，出口 36%。从这些指标来看，这时的日本已经基本上完成了战后经济的恢复。①

第二，朝鲜战争暴露了日本经济的脆弱性。首先，日本的生产技术在经历了二战中和二战后的长期空白期后，与发达资本主义国家相比已经远远落后，机械设备业已破损、老化严重。在 "朝鲜战争景气" 下，需求虽然激增，日本产业却无法完全应对。其次，朝鲜战争中，日美军队活动增大、生产扩大的情况下，电力、煤炭、石油等能源供应能力、陆运和海运的输送能力以及通讯能力等都严重匮乏。这些供给能力不仅是实行现代军事作战的要求，也是现代产业发展的必需。因此，战争中日本显现出的这些能力的严重不足，令美国及日本政府、财界感到了极大的忧虑。

为此，在国家主导下，日本开始着手完备其经济政策体系。这主要通过对外贸易关系的法律体系的完善，以及国内经济政策体系的完备两个方面来实现。首先，对外贸易关系上，通过与美国的协议，制定了 "外汇及对外贸易管理法" 和 "关于外资的法律"，以此确立了日本处理对外贸易关系的法律体系。其次，通过建立长期设备资金的供给体制、为促进资本积累的租税特别措施、垄断禁止

---

① 杨栋梁：《日本近现代经济史》，第 308 页。

法的大幅度改进（实际是改为大幅度容忍垄断行为）等措施完备了
国内的经济政策体系。这些措施虽然一部分在"合理化投资"政策
发挥作用后或修改或废除了，但大部分对1955年后的高速增长发
挥了重要的作用。可以说，如果没有这些政策就不可能实现后来的
高速增长。

这里所谓的"合理化投资"政策，是朝鲜战争结束后，美国从
自身亚洲战略考虑的基础上，认为必须快速强化日本经济的发展。
而日本政界、财界也决定迅速摆脱对特需的依赖，在国家政策的主
导下，通过政府为重点产业（电力业、钢铁业、海运业）提供长期
资金，从以美国为中心的国外引进技术、进口机械设备而实施"合
理化投资"，实现向以重化工业为主的贸易结构的转变，以此实现
没有特需的国际收支平衡。

可见，通过这些国家主导的政策，从"朝鲜战争景气"到
"合理化投资"，日本的重要产业的大企业的资本实力、生产设备
能力等得到极大的强化，并为以后的高速增长时期实现将中小企业
置于大企业之下承担转包业务，以及确立对劳动者的管理和支配体
制等作好了前期准备。

（三）马克思主义经济学的复苏期

二战结束后，不仅在国际上，社会主义国家的纷纷建立以及国
际社会主义力量的增强为日本马克思主义经济学研究提供了良好的
外部环境，而且，在国内，战争的失败使日本经济濒临崩溃，而美
国主导的日本民主化改革更大大削弱了财阀和军国主义的势力，工
人运动活跃、左翼力量增强、和平主义成为主流。此外，许多马克
思主义者从监狱中被释放出来，不仅使得日本共产党重建，以及社
会运动拥有了重要的指导者，而且其中的很多人得以重返大学讲
坛，重新回归研究领域，对于日本马克思主义经济学研究在战后的
迅速复苏，以及后来马克思主义经济学理论传承者的培养等方面都
产生了积极的影响。

值得一提的是，学者们一方面对战前马克思主义经济学取得的

1945年10月10日出狱よる政治犯たち　　　　　　　提供 共同通信社
①西沢隆二，②德田，③金天海，④志贺，⑤黑森林重德，⑥李康勳

共产党干部出狱（1945 年）

诸多重要研究成果展开了整理，并对部分著作进行再版，从而使战后的马克思主义经济学能够站在战前较高的研究水平之上再次出发。这其中包括：1947 年出版的《栉田民藏全集》①、1949 年久留间鲛造和宇野弘藏总结战前的研究成果，分别编辑出版的《马克思恐慌论研究》② 和《资本论的研究》③，还有河上肇战前写的《资本论入门》也多次再版，既有 1951—1952 年陆续出版的青木文库出版社的文库版《资本论入门》（共 5 分册），也有 1951 年世界评论社出版的《资本论入门》（共 5 分册）等。另一方面也出版了很多由战后学者们的新成果编辑而成的论文集，如讲座派的《日本资本主义讲座》等。此外，这一时期还掀起了出版《资本论》日译版的高潮，很多出版社如日本评论社、岩波书店、青木书店、河出书房等都出版了《资本论》日译本。

---

① 栉田民藏：《栉田民藏全集》（全 5 卷），改造社 1947—1949 年版。
② 久留间鲛造：《マルクス恐慌論研究》，北隆館 1949 年版。
③ 宇野弘藏：《資本論の研究》，岩波书店 1949 年版。

二 高速发展时期的日本资本主义（1955—1970 年）

（一）技术革新与振兴出口促成经济高速增长

1955 年以后日本之所以能够实现高速增长，得益于当时的国际、国内良好的发展环境。国外，冷战爆发引起的紧张的东西方关系这个时期走向缓和，东亚地区迎来十年左右的安定时期。国内，美日结成同盟关系不仅有利于美国的战略部署，而且也使日本受益颇多。比如，在美国的鼎力协助下，日本得以快速成为美国的盟友和西方世界的一员，并通过加入国际货币基金组织、世界银行以及关税与贸易总协定等国际组织，迅速融入西方经济体系。此外，由于美国提供的安全庇护，日本得以专心发展经济，最低限度地减少了发展军事的巨大消耗；而美国提供的经济优惠，使日本得以大量引进和吸收美国等西方国家的先进技术和设备，迅速实现了产业结构的升级。

伴随着 1955 年世界经济的持续转好，日本出口也得以大幅度增加，国际收支得到改善，在克服了通货膨胀后，国内的经济活动进一步扩大。再加上 1965 年美国对越南发动战争，日本在倾力协助的过程中，使得日本再一次获得"特需"利益。就这样，日本在生产能力迅速扩大、大幅度降低生产成本的基础上，不仅出口规模急剧增大，实现了产业结构的重化工业化，而且贸易收支、国际收支转而出现黑字，黑字幅度不断扩大，进而实现了占世界总出口的比例不断扩大。从此，日本成为依赖出口的"经济大国"。

总之，日本经济在一系列利好因素的作用下，在技术革新和振兴出口两个车轮的驱动下，实现了令人惊讶的高速增长。国民生产总值从 1955 年的 8 兆 6236 亿日元增加到 1965 年的 31 兆 7929 亿日元，实际增长率 1955—1964 年间平均高达 10.1%，特别是设备投资增长明显，民间设备投资与上年相比，增加率较高的年份有

1956 年 的 55%、1957 年 的 35%、1960 年 的 44%、1961 年 的
41%,① 日本经济呈现繁荣局面。

(二)"五五年体制"稳定国内政治局面

1955 年日本政局出现了重大变动。一方面是代表资方的执政
的日本民主党和日本自由党合并,形成了保守政党——日本自由民
主党。另一方面,代表工人一方的处于分裂状态的社会党的左右两
派实现统一,形成革新政党——日本社会党。由此,日本政界形成
了保守政党占据议会多数议席并长期执政、革新政党控制 1/3 以上
议席并长期在野的格局。这一时期的两党制格局为稳定当时的国内
政局起到了积极的作用,一方面自民党较长时期的执政,有利于日
本经济有计划地发展;另一方面,社会党虽无法实现掌握政权,却
也成为有效地牵制单独执政的自民党的重要力量。这种力量对比平
稳、保守与革新相互牵制、自民党长期执政的政治状态被称为"五
五年体制"。

总之,这一时期虽然经济上有起有落,既有"神武景气"、
"岩户景气"、"奥林匹克景气"和"伊奘诺景气",也有"锅底萧
条"、"1962 年萧条"、"1965 年萧条"和"日元升值萧条";政治
上,国内政治事件不断,既有日本教职员工会的抵制"勤务评定"
的斗争,也有全国范围的反对日美安保条约的运动,还有东京大学
等大学学生发动的各种学生运动、三井三池煤矿工人反对解雇的斗
争,市民反对美国核潜艇入港、反对越南战争的运动、要求归还冲
绳运动,等等。然而,政治上的不安定因素并没有过大地影响日本
经济的高速发展,相反,经济的高速发展却逐步弱化了国内的
矛盾。

(三) 马克思主义经济学的活跃期

这一时期是日本经济从复兴走向高速增长的时期,经济快速发

---

① 井村喜代子:《现代日本经济論》,第 151 页。

展、政局逐步稳定，并且社会经济发展中面临许多问题，诸如产业结构不合理、贫富差距扩大、公害问题、社会保障的建立和完善、地区发展不平衡等，都为马克思主义经济学研究提供了重要的社会环境。这一时期成为日本马克思主义传播和研究的黄金时期，马克思主义在经济学、历史学、哲学等诸多领域都稳居各学界的主流地位。宇野学派也在这一时期得以成立。

这一时期既有游部久藏编写的《〈资本论〉研究史》①，分类整理了从战前开始的围绕《资本论》展开的论战的各种观点；也有批判西方经济学的岸本诚二郎、都留重人监修的《近代经济学的基本性格》② 和《近代经济学的理论构造》③。学者们一方面积极翻译出版国外马克思主义经济学著作，如宇高基辅、副岛种典翻译出版的卢森堡的《资本论注解》④（全5册），就是一本代表了当时苏联正统派马克思主义经济学立场的著作。另一方面积极推出马克思主义经济学方面的工具书，如久留间鲛造、宇野弘藏、冈崎次郎、大岛清、杉本俊朗编著的《资本论辞典》⑤，大阪市立大学经济研究所编写的《经济学辞典》⑥，也是以马克思主义经济学概念为中心编写的辞典。

此外，这一时期随着宇野派的出现及发展，很多关于《资本论》研究的书籍表现出鲜明的学派特点，如宇佐美诚次郎等编著的《马克思经济学体系》⑦（共3卷）反映了正统派的观点，而宇野弘藏编著的《资本论研究》⑧（共5册）代表了宇野派的观点，游部

① 遊部久蔵：《〈資本論〉研究史》，ミネルヴァ書房1958年版。
② 岸本誠二郎、都留重人［監修］：《近代経済学の基本性格》，東洋経済新報社1956年版。
③ 岸本誠二郎、都留重人［監修］：《近代経済学の理論構造》，東洋経済新報社1956年版。
④ ローゼンベルグ（Rosenberg）：《資本論注解》（全5册），副島種典、宇高基輔訳，青木書店1962—1964年版。
⑤ 久留間鮫造ら編：《資本論辞典》，青木書店1961年版。
⑥ 大阪市立大学経済研究所編：《経済学辞典》，岩波書店1965年版。
⑦ 宇佐美誠次郎ら編：《マルクス経済学体系》（全3巻），有斐閣1966年版。
⑧ 宇野弘蔵編：《資本論研究》（全5册），筑摩書房1967—1968年版。

久藏等编著的《资本论讲座》①（共 7 册）则没有太多的学派倾向。

另外，这一时期的学者们也对日本马克思主义经济学研究的历程进行了回顾。如日高普等人编著的《日本马克思经济学——历史与理论》②（上、下），从研究者个人的角度出发，介绍了从堺利彦到宇野弘藏的日本马克思主义经济学家及其研究成果。守屋典郎的《日本马克思主义理论的形成和发展》③ 则重点介绍了马克思主义经济学理论在日本的发展史，等等。

三　向新自由主义转换后的日本资本主义
（1971—1990 年）

（一）70 年代的危机促使日本转变经济结构

1971 年，美国总统尼克松上台后，面对如何结束越南战争以及恢复美国经济活力两大难题，采取了两次突然行动，令日本和世界都感到震惊，分别是 7 月 15 日的访华和 8 月 15 日宣布"新经济政策"。前者不仅结束了二战后中美长期敌对状态，而且美国在通过中国发挥其对越南的影响力的帮助下，"体面"地结束了旷日持久的越南战争，越南因此获得统一，国际战略格局也由此发生重大改变。后者由于宣布暂时停止美元与黄金兑换交易，并对所有进口产品实行加征 10% 的关税等临时措施，使得二战后建立起来的"战后 IMF 体制"面临解体。这两次事先未通报的突然举动，被日本称为"尼克松冲击"。

美元与黄金交换的停止给世界各国汇兑市场造成剧烈冲击，导致各国纷纷放弃固定汇率而实行浮动汇率。日本政府在美欧等国的巨大压力之下，日元对美元的比率不断升值，仅两年时间即升值

---

① 遊部久蔵ら編：《資本論講座》（全 7 冊），青木書店 1963—1964 年版。
② 日高普：《日本マルクス経済学——その歴史と論理》（上、下），青木書店 1967—1968 年版。
③ 守屋典郎：《日本マルクス主義理論の形成と発展》，青木書店 1967 年版。

25%。① 日元的快速升值，使得日本贸易出现进口超过出口的现象，由贸易顺差转为贸易平衡，给日本以出口为主导的经济模式带来了巨大压力。

正当日本政府采取措施应对巨变之际，1973 年 10 月第四次中东战争爆发，第一次石油危机再次给日本经济以沉重打击。为应对危机，日本政府采取一系列措施，积极推动经济结构的转换。比如，危机过后，日本的产业政策推出新举措，包括大力发展新能源，改变现有的能源供给结构，降低消费中对石油的依赖率；通过产业立法和行政指导，敦促结构性萧条产业控制设备投资并施行结构转型；通过产业立法和行政指导，加快发展知识密集型产业；支持海外投资，通过政府开发援助（ODA 援助：official Development Assistance），扩大政府间经济合作等。这些措施使日本到 70 年代后期，以电子技术为核心的相关产业实现了飞跃性发展，从此日本实现了从战后形成的"重大长厚"为特点的资本密集型的、以重化工业为主的经济结构向"短小轻薄"为特点的技术、知识密集型产业为主的经济发展模式的转变。虽然 1979 年的第二次石油危机再次对日本的经济发展造成负面影响，而且一系列的世界性动荡给日本国内带来了严重的混乱局面，但日本却再次以其独特的扩大出口的方式〔包括减量经营、集成电路（IC）相关技术的引入与应用、以扩大出口为核心的经济应对措施等②〕，不仅强化了日本经济依赖出口的特质，而且使日本能够摆脱 1974—1975 年的世界经济萧条，实现比欧美国家强劲许多的经济发展态势：1976—1979 年，日本经济增长率连续四年超过 5%，年均增长率高出美国 1 个百分点、英法德 2 个百分点，进入"中度增长期"。③

（二）80 年代的新自由主义政策埋下泡沫隐患

正如前面所提到的，70 年代欧美国家遭遇"黄金与美元交换"

---

① 杨栋梁：《日本近现代经济史》，第 370—371 页。
② 井村喜代子：《现代日本经济论》，第 314—320 页。
③ 杨栋梁：《日本与近现代经济史》，第 378 页。

停止→"战后 IMF 体制"的崩溃和世界经济的持续增长的终止→
经济的停滞的困境。进入 80 年代后，为了摆脱滞涨危机，以美国
的里根总统和英国的撒切尔首相为代表的欧美国家领导人开始推行
以放宽管制、特别是放宽对金融的管制、强调市场原理、主张"小
政府"等为主要特点的新自由主义政策。而日本虽然保持了经济的
增长，但也出现了财政危机，于是在国际环境的冲击下以及国内课
题急需解决的情况下，中曾根政权也强调提出"活用民间活力"、
"放宽管制"、"市场、竞争原理"等新自由主义政策，以提高经济
活动的效率。具体采取了国有企业的民营化、金融自由化、大规模
推进城市再开发、地方开发等政策。此外，与此相反，日本政府又
在美国的压力之下，被迫推进出口主导型的经济结构向内需主导型
的经济发展转换政策，美国还以安全保障为由强化对掌握先进技术
的日本企业的制裁和牵制。

一系列的刺激政策措施一方面使得日本经济在 70 年代的基础
上，继续着繁荣的局面。80 年代的日本不仅成为世界上的生产大
国，而且成为拥有大量金融资产的金融大国。贸易、金融资本自由
化的实现和金融自由化的实施，为庞大的国内剩余资本开辟海外市
场提供了必要的制度条件，日元升值更加速了资本的输出。80 年
代中期以后，日本资本更是大规模地向海外发展，到了 80 年代末，
日本已成为仅次于美国的海外投资大国和世界最大的债权国。

然而，另一方面，在诸多辉煌的发展业绩背后，日本经济发展
却已埋下了巨大的隐患。主要包括：日元的持续升值对日本的外向
型企业造成巨大的转型压力；扩张性财政政策和宽松的金融政策导
致企业和金融机构热衷于股市的投机盈利，股市泡沫急剧膨胀；平
成景气带来的企业收益扩大及剩余资金增加、国民收入提高及富裕
感的提升，再加上国家积极的财政、金融政策的推动，全国规模的
房地产泡沫膨胀迅猛，等等。由于这些潜在隐患未能及时应对和解
决，最终导致 90 年代日本经济神话的破灭，日本经济从此陷入长
期低迷的状态。

（三）工会组织在巨大企业强化过程中进一步弱化

这一时期还需提到的一个特点是，随着日本大企业集团和企业系列的进一步强化，工会组织却遭到不断弱化。

这个过程开始于 70 年代中期，为应对当时的经济危机，日本大企业对工人管理采取了新方法，不断强化工人对企业的归属意识和忠诚心，并通过宣扬工人只有与企业合作才能实现安定就业来削弱员工与企业的对抗意识。而进入高速增长时期以后，日本的行业工会作用弱化，企业工会地位上升。而企业内工会也发生了变化，不再单纯地代表工人的利益与资方斗争，转而以协调劳资关系为要务，劳资纠纷也主要被限于企业内部而非在行业范围去解决。此外，80 年代的日本与当时饱受失业问题困扰的其他发达国家不同，持续的高速增长和安定的雇佣环境，以及劳动力的不足等现实状况，也在很大程度上缓解了劳资矛盾。

以上种种都使得日本工人逐渐远离工会组织，工会的组织率和交涉力大为下降。据推断，日本工会的组织率在80 年代初为30%，而到1989 年即下降到25.9%。[①] 日本的工会组织受到很大的削弱。

（四）马克思主义经济学的稳定期

随着1968 年日本经济总量跃居世界第二位，国内社会的阶级矛盾开始得到缓和，而70 年代初在经受住两次石油危机的考验后，日本经济更是进入稳定增长时期，社会各方面进一步发展，不断取得更大的进步。在社会意识形态上，日本的大国意识增强，新国家主义出现，政治开始逐渐右倾化。加之这一时期新自由主义主张开始影响日本经济领域，左翼力量的影响受到很大的削弱，这些变化对于这一时期日本的马克思主义经济学的研究都产生了十分不利的影响。然而，承接上一时期的发展成果，日本马克思主义经济学研究在这一时期仍然诞生了具有一定影响力的市民社会学派和数理马

---

① 井村喜代子：《現代日本経済論》，第410 页。

克思经济学派，日本马克思主义经济学的研究得以在困境中沿承、发展。这一时期日本马克思主义经济学研究的突出成果主要包括以下几个方面：

1. 在马克思主义经济学说史的研究方面取得进展。如时永淑等人翻译的德国罗斯多尔斯基（R. Rosdolsky）著的《马克思〈资本论〉的形成》①、井汲卓一等编著的《讲座马克思经济学》（共 7 卷）② 中收录的《政治经济学批判大纲注解（上、下）》，极大地推动了日本对于马克思的《1857—1858 年经济学手稿》的研究，被誉为是一部具有里程碑意义的力作。此外，杉原四郎的《马克思主义的经济思想（经济思想史 2)》③ 等书也都很有影响力。

2. 在马克思主义经济学的普及与推广方面取得成果。先后出版了宇佐美诚次郎等人编写的《马克思主义经济学讲座》④、岛恭彦等人编写的《新马克思经济学讲座》⑤（共 6 卷），大内秀明、樱井毅、山口重克编的《资本论研究入门》⑥ 以及佐藤金三郎等编的《学习资本论》（共 5 卷）⑦ 等书籍。

3. 在转形问题研究方面取得成就。70 年代日本马克思主义经济学者们积极参与了当时国际学术界关于马克思转形问题研究的论战，不仅翻译出版了很多介绍国际论战动态的著作，如伊藤诚等编译的《论战：转形问题》⑧、石垣博美和上野昌美翻译的《转形论

① ロスドルスキー：《〈資本論〉成立史》，時永淑ほか訳，法政大学出版局 1973—1974 年版。中文版：罗斯多尔斯基：《马克思〈资本论〉的形成》，魏埙等译，山东人民出版社 1992 年版。
② 井汲卓一ら編：《講座マルクス経済学》（全 7 巻），日本評論社 1974—1976 年版。
③ 杉原四郎：《マルクス主義の経済思想（経済思想史 2)》，有斐閣 1977 年版。
④ 甘粕石介、宇佐美誠次郎、横山正彦：《マルクス主義経済学講座》，新日本出版社 1971 年版。
⑤ 島恭彦ら編：《新マルクス経済学講座》（全 6 巻），有斐閣 1972—1976 年版。
⑥ 大内秀明ら編：《資本論研究入門》，東京大学出版会 1976 年版。
⑦ 佐藤金三郎ら編：《資本論を学ぶ》（全 5 巻），有斐閣 1977 年版。
⑧ 伊藤誠ら編訳：《論争・転形問題—価値と生産価格》，東京大学出版会 1978 年版。

文集》①，而且提出了新的研究观点，为日本马克思主义经济学的研究创造了国际影响力。此外还有数理马克思经济学派的成就，如置盐信雄的《马克思经济学——价值与价格理论》②、森岛通夫的《马克思的经济学——价值与成长的二重理论》③ 等。

4. 对现代资本主义分析具有了新视角。这一时期日本马克思主义经济学者们开始运用马克思主义经济学理论研究现代资本主义出现的诸多新问题，主要成果有小林弥六的《现代资本主义分析（上、下）》④，置盐信雄、佐藤金三郎、高须贺义博等编的《现代资本主义分析》⑤ （共 11 卷），以及讲座今日的日本资本主义编辑委员会编的《讲座今日的日本资本主义》⑥ （共 10 卷）等。为马克思主义经济学的研究开创了新的局面。

此外，在上述二战后的社会经济背景之下，日本马克思主义经济学派的发展呈现出新的局面和特点。一方面二战前产生的讲座派和劳农派延续了战前的研究特点，并就战后出现的新问题展开了新的研究和论战。这两个学派研究的特点依然是与政党的发展需要相关联，即讲座派与日本共产党相关联、劳农派与日本社会党相关联。两个学派虽然依旧论战不断，但是论战的形式与二战前有所不同，二战后的讲座派与劳农派的论战主要在各自的内部进行。而与这两个传统的马克思主义经济学派不同，这一时期确立并发展起来的其他三个主要学派：宇野派（二战前已具雏形）、市民社会派和数理马克思经济学派则摆脱政党的影响，专注于用马克思的经济学理论研究，并以各自学派特有的研究方法去分析日本资本主义，形成独特的理论体系。这个时期是日本马克思主义经济学界五大学派并立的时期。

---

① 石垣博美、上野昌美訳：《転形論アンソロジー》，法政大学出版局 1982 年版。
② 置塩信雄：《マルクス経済学——価値と価格の理論》，筑摩書房 1977 年版。
③ Morishima M. "Marx's Economics—A Dual Theory of Value and Growth", Cambridge University Press, 1973。
④ 小林弥六：《現代資本主義分析》（上、下），お茶の水書房 1979—1980 年版。
⑤ 置塩信雄ら編：《現代資本主義分析》（全 11 卷），岩波書店 1980—1984 年版。
⑥ 講座今日の日本資本主義編集委員会編：《講座今日の日本資本主義》（全 10 卷），大月書店 1981—1982 年版。

第 四 章

与日本共产党相伴
——讲座派的发展

一 战后初期:讲座派的研究以日本 共产党制定的方针为依据

(一) 野坂参三的"占领下的和平革命论"的提出

野坂参三（のさか さんぞう）（1892 年 3 月 30 日—1993 年 11 月 14 日），第一代日本共产党的议长，共产国际的日本代表，曾任日本共产党第一书记、名誉议长。中国抗战期间曾帮助中国共产党反对日本侵略，在中国的名字为冈野进。①

日本战败后的 1946 年 1 月 12 日，野坂从中国返回日本。26 日山川均、荒畑寒村等人特意在东京日比谷公园为野坂举行了"欢迎野坂参三归国国民大会"，参会者多达 3 万人。参会的除了共产党外，既有

1946 年野坂参三归国，受到欢迎

---

① 日文维基百科:《野坂参三》。

左右两派的社会党领导人，也有各种民主进步的人民团体，成为一次超党派各方代表齐聚一堂的大会，大会还发表了以建立民主战线为目标的宣言。

归国后的野坂，面对战败后日本国内满目疮痍的景象、被美国实际占领的现实，以及再建的日本共产党急需作出战后的现状分析、制定党的新的战略等紧迫状况，提出了他对当时的日本资本主义的认识。野坂认为，日本之前的半封建制度，即以军事、警察主导的天皇制以及地主主导的土地制度已经开始被以外力为主的力量所打破，以前的绝对天皇制开始向立宪天皇制转变。当今的政权掌握在金融垄断资本、天皇制官僚和地主的联合势力手中。而这一政权的领导权正从过去的天皇制势力转向大资本家手中。也就是说，战后日本的政治、经济、社会虽然已经开始发生根本性变化，但这种变化当时还处在过渡期阶段。因此，当前的目标是资产阶级民主主义革命，在其完成之后才应是致力于社会主义革命，要以非暴力的手段消除独裁，以和平的、民主主义的手段进行革命，即主张通过和平手段的"二阶段革命论"。这就是被称为野坂理论或野坂的"占领下的和平革命论"的主要观点。

其实，早在 1945 年 12 月第四次党的再建大会上，日本共产党即确立了"行动纲领"，并在战后首次公开提出党的最初方针。这份"行动纲领"沿用了战前讲座派

野坂的和平革命论

主张的二阶段革命战略，认为当
时的日本状况是：作为解放世界
的联合国军队在日本的进驻，开
启了日本民主主义革命之路，因
此提出"打倒天皇制，建立人
民共和政府"等25条"实践要
求"。延续这一基本方针，1946
年2月在第五次党的大会上，日
本共产党就当前的战略、战术等
问题又提出更为系统的"大会
宣言"。进一步提出二阶段战略
以及和平的方式进行革命的主
张，即日本共产党的当前基本目
标是完成现在正在进行中的资产
阶级民主主义革命，完成这一革

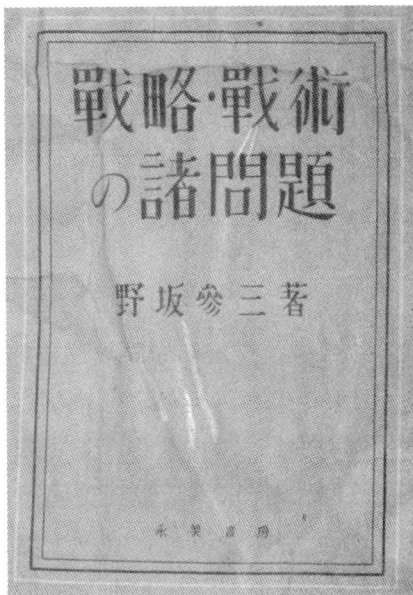

野坂参三的理论

命之后再期待转向社会主义制度的发展。并认为进行这样的革命需要
以"非暴力、排除独裁"、"和平的、而且是民主主义的方法"来完
成。而日本共产党确立的上述以二阶段战略和和平革命方式为基调的
基本方针，就主要源于上述的"野坂理论"的基本观点。这一观点
直到1947年12月第六次党大会的纲领确定的这段时期，野坂参三的
"占领下的和平革命论"主导了共产党及受其影响的经济学者们对于
现状的认识。

　　这一时期也曾出现过多起论战。比如，对于野坂理论，日本共
产党内曾出现了两种不同观点，并展开了论战。一种是由山本正
美、中西功等人提出的战后天皇制已经发生了资本主义的变质，政
权已经回到了垄断资本家的手中，因此当前的战略不应是资产阶级
民主主义革命，而应是社会主义革命。另外一种则认为战后也不是
天皇制的资本主义，而依然是在绝对主义天皇制的支配之下。这些
主张后来在第六次党大会确立了"占领下的和平革命论"为党的共
识后才暂时放弃。此外，志贺义雄与神山茂夫的论战也很有名。主

要是以神山茂夫为核心的、被称为"新讲座派"的学者们针对以山田理论为中心的旧讲座派理论展开的批判,内容涉及军事的、封建的帝国主义论、法西斯主义论、再生产理论与市场理论等广泛论题。这次的论战虽然是新讲座派对旧讲座派的相关主张作出了一些批判,但两派都仍然坚持着绝对主义的基本认识,基本延续了战前32年纲领的框架。

(二)共产国际对野坂理论的批判——51年纲领的转变

1950年1月6日,共产国际的机关报发表题为《关于日本形势》的文章,对日本共产党提出了批评。文章认为,当时日本的整个政治、经济生活受到美国军队的控制,日本经济完全臣服于美国垄断资本之下,并服务于美帝国主义的侵略计划。在强调美帝国主义全面统一的支配下的同时,文章还对野坂将美国占领军视为解放军的观点以及他所提出的"占领下的和平革命论"的主张给予了批判,严厉谴责野坂理论是讴歌美帝国主义的理论,是欺骗日本民众的理论等。

这一批判的提出给予了当时以野坂理论确定的党的基本方针的日本共产党一个沉重的打击,围绕着是否要接受共产国际的这种批判,党内意见出现重大分歧,并分成了反对共产国际批判的"所感派"和全面接受共产国际批判的"国际派"。而所谓"所感派"是指1950年1月12日日共中央委员会政治局发表《对"关于日本形势"的所感》文章,指出共产国际的这一批判"实难接受",从而形成了反对批判的一方。虽然在1月19日的日共扩大中央委员会决议上,日本共产党还是听从了共产国际的批评,但是随后党内围绕党的指导方式和新方针的制定还是爆发了严重的对立,并形成了以德田球一总书记为首的主流派与志贺义雄、宫本显治、春日庄等七人为核心的反主流派之间的对立,日共面临分裂的危险。正当主流派与反主流派之间、反主流派内部对立日趋激化之时,共产国际公开表示支持主流派,对反主流派提出批评,导致反主流派的组织解体,日共又暂时恢复了统一。

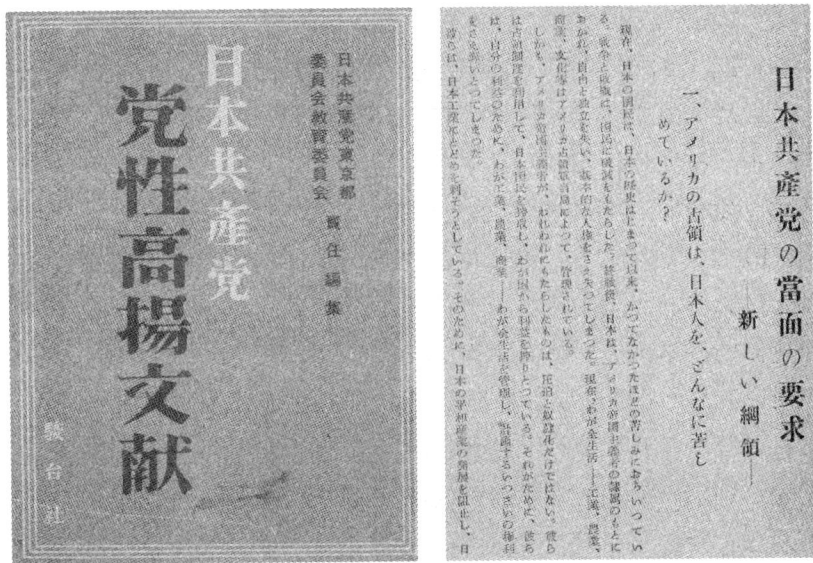

日本共产党 51 年纲领

　　1951 年 10 月日本共产党通过了 51 年纲领（第 20 次中央委员会提出，第 5 次全国协商会议通过），其基本认识是：首先，现在的日本是从属于美帝国主义的殖民地、从属国。日本在美帝国主义的支配下，不仅失去了自由和独立，甚至丧失了基本人权。日本的全部生活，包括工业、农业、商业、文化都被置于美国占领军当局的管理之下。其次，国内的吉田政府一方面代表天皇、旧反动军阀、特权官僚、寄生的地主、垄断资本家等反动势力的利益，另一方面成为掩盖占领当局的压制性、掠夺性本质的屏障，成为占领当局的精神、政治的支柱。最后，在这种情况下，日本共产党的战略目标应是殖民地、从属国型的革命，即民族解放的民主革命，因此要结成民族解放的民主统一战线。而在战术上，纲领否定了之前的和平革命论，确定了"必须着手武装的准备和行动"的"军事方针"。在这一纲领的指导下，1951 年末以后日本共产党在全国采取了很多冒险主义活动，这种极"左"的冒险主义不仅使党陷入无尽的混乱之中，而且使得民众开始远离日本共产党，使党陷入孤立境地。

（三）"51 年纲领"成为讲座派主张的依据

如战前的 32 年纲领一样，51 年纲领再次成为战后讲座派主张的依据。按照这一纲领对日本资本主义的现状分析，讲座派学者们策划、发行了《日本资本主义讲座——战后日本的政治与经济》（共 10 卷 + 别卷）[①] 一书，崛江正规、宇佐美诚次郎、小椋广胜、井上晴丸等马克思主义经济学者撰写了各卷的主要论文，确立了新讲座派的基本观点。然而，相比战前讲座派的《日本资本主义发达史讲座》，这套日本战后初期新讲座派的代表作却显得逊色很多。被日后很多学者认为，不过是套用了斯大林在《苏联社会主义经济问题》（1952 年）一书中关于战争不可避免论、不平衡发展必然论等观点，并按照"51 年纲领"的要求编写出来的著作而已。

日本资本主义讲座（1953—1955 年）

实际上，对于成为日共主流的 51 年纲领和新讲座派的基本观点，1953—1955 年讲座派内部的一些学者也曾提出了不同观点。一种是神山茂夫提出的理论，认为战后日本国家权力的支配权已经从绝对主义天皇制转到外国帝国主义的手中，绝对主义天皇制也发生了向

---

① 堀江正規ら编集：《日本資本主義講座——戦後日本の政治と経済》（全 10 卷 + 别卷），岩波書店 1953—1954 年版。

"买办天皇制"的"质的"转变。这样一来，实际的国家权力并不在国内，国内的支配势力全部隶属于外国权力之际，围绕国内支配体制的各种要素的"权力优劣"问题实际上是从属问题。① 还有一种是不破哲三的主张，他在题为《民族解放民主革命的理论基础》（《前卫》，1953 年）一文中指出，如果能从教条中解放出来，认真看待日本的现实的话，就会明白日本经济中不只是垄断资本主义占据支配地位，垄断资产阶级在政治上也占据着日本反动势力的主导地位，美日垄断资本的结合和同盟已经组成占领体制的中枢。因此，在日本的民族解放民主革命进程中，与垄断资本的斗争具有重要意义。虽然这些不同观点在当时都被党的领导层当作异端学说驳了回去，未能对党的战略、指导方针的制定产生影响，但却说明日本共产党内部、讲座派内部都存在着对于战后日本资本主义的客观认识，也为后来日本共产党调整战略提供了理论准备。

二 高速发展时期：讲座派内部论战激烈

（一）新的"二阶段革命论"的制定

进入 1955 年后，日本经济进入高速发展时期，政治也在"五五体制"之下呈现稳定局面。日本共产党于 7 月召开了第六次全国协议会（六全协），并作出决议：清算引发党内混乱、使党孤立于民众的极"左"冒险主义，结束党的分裂状态。由此，日本共产党通过六全协实现了统一。国际上，1956 年 2 月的苏联共产党第 20 次大会上，提出对斯大林的批判，并且提出革命过程中国家权力有可能实现和平移交等主张。在这种国内外环境下，及时纠正 51 年纲领的错误成为日本共产党的首要任务。6 月末的日本共产党第七次中央委员会总会上，作出需要修改纲领的决议，并于 11 月的第九次中央委员会总会上，设立了以宫本显治为委员长的"纲领问题委员会"。

---

① 神山茂夫：《现代日本国家の史的究明：系壳・天皇制に関する理论の诸问题》，革会出版 1953 年版，第 100—101 页。

六全协召开　实现党的统一

1957 年 9 月新的《日本共产党党章草案》发表，在 1958 年 7 月第七次党大会上，宫本委员长作了题为《关于纲领问题的中央委员会的报告》[1]，报告中指出了 51 年纲领的"错误和缺陷"。

首先，对于现状分析，报告认为，51 年纲领"没能正确把握战后国内外形势的变化，日本资本主义现阶段以及农村生产关系的变化以及与之相关的日本反动势力的本质——特别是由绝对主义天皇制和寄生地主的土地所有制的变化而产生的本质。因此，纲领包

---

① 宫本顕治：《綱領問題についての中央委員会の報告》。

含有错误性定义和片面性的东西"①。比如，报告指出，"51 年纲领将'天皇、旧反动军阀、特权官僚、寄生地主、垄断资本，即剥削日本国民、或者支持这种剥削的所有势力定义为日本的'反民族的反动势力'。这是当时没有正确反映战后阶级关系变化的结果"②。

其次，对于权力的转移形式，宫本指出：51 年纲领"在国际形势和旧金山条约签订之后，日本形势已经发生根本性变化之际，依然判断我们依据和平的手段实现革命的成功是不可能的，对于这种自缚手脚的做法，需要予以重新研究"③。

为此，党章草案提出新的现状认识："现在，统治日本的主要势力是美帝国主义以及从属于它的日本垄断资本。我国既是高度发展的资本主义国家，也是被美帝国主义实际占领的从属国。战后的农地改革作为具有妥协性的资产阶级变革，虽留有很多不彻底的方面，却基本上促使了半封建土地制度的解体。日本的垄断资本与美帝国主义相结合，通过强化对以工人阶级为代表的劳动人民大众的剥削得以复活和强化，成为卖国的反动势力的核心。绝对主义天皇制是资产阶级君主制的一种，天皇的地位已成为从属于美帝国主义、并与之结成同盟的日本垄断资本的政治、思想统治的工具。日本垄断资本一方面被束缚于美帝国主义的核战争计划之下，另一方面又在强化日本军国主义的同时，推动着帝国主义的复活，并为对外侵略进行着准备。"④ 据此，党章制定的战略是："走上社会主义道路是工人阶级的历史使命，而要开拓这条道路，就要打倒封锁这条道路的美帝国主义和日本垄断资本为核心势力的反民族、反人民的统治体制，只有通过建立人民民主主义国家体制的革命，才能够切实实现目标"，即"这是从以独立和民主主义任务为中心的革命到社会主义革命"⑤ 的"二阶段革命论"。

---

① 《前衛》，145 号、第 7 回大回决定报告集，第 91 页。
② 《前衛》，第 92 页。
③ 同上。
④ 《前衛》，《党章草案》，第 83—84 页。
⑤ 《前衛》，第 86—87 页。

可见，党章草案这次对日本资本主义的现状分析和纲领的制定都与51年纲领有了很大的不同，从51年纲领强调美帝国主义的全面统治，将日本定义为"殖民地、从属国"改变为党章草案的美帝国主义与日本垄断资本共同统治的"从属国"，即承认日本资本主义的高度发展与日本垄断资本的统治作用。不过，党章草案仍然坚持的是"二阶段革命战略"，这也是延续了二战前的讲座派和日本共产党一直坚持的革命战略，业已成为其独有的特色。

（二）党章草案引发的党内、讲座派内部论战

1957年9月，党章草案发表之后，随即引发日本共产党内外的激烈论战。党外主要是来自向坂逸郎、冈崎三郎、木原实等劳农派的批评。但实际上，来自党内的论战更为激烈，为了便于10月份的党内讨论，这期间日本共产党创办了《前卫》杂志，这本杂志不仅成为后来共产党的重要理论刊物，而且也成为讲座派战后发表理论观点的主要阵地。

党内对党章草案提出反对意见的主要是东京都委员会，该委员会认为，当前掌握日本国家权力的是日本的垄断资本。因此，将其打倒的社会主义革命是日本唯一的革命，进而提出革命要通过"结构改良"路线来实现。此外，春日庄次郎、铃木市藏、内藤知周、中西功等人也从各自不同的立场，对纲领草案提出了批评。总结起来看，这些党内批评之间虽然也有一定不同的意见，但在主张采取二阶段战略、反对纲领草案方面却是一致的。后来将支持党章草案的称为"党章派"，而批评党章草案的则被称为"反党章派"。之后，围绕党章草案的争论扩展到学界，引发了"自立·从属论战"。

1. 从"自立·从属论战"到"日本帝国主义复活论战"

"自立·从属论战"主要是围绕如何评价当时的日美关系而展开的，即以日本资本主义对美国的关系是从属的、还是自立的这一问题为中心展开的论战。参与论战的学者分成"从属论者"和"自立论者"两大阵营，"从属论者"的代表人物主要有：丰田四郎、守屋典郎、手岛正毅、上田耕一郎等人，基本上是站在党章草案立场上，强调日本资本主义对美从属性的学者。"自立论者"则

强调日本垄断资本的复活和日美之间的对立，他们的主张集中刊载在大月讲座《现代日本的经济和政治》① 上，代表人物包括：内田穰吉、小野义彦、胜部元、古畑义和、佐藤升、杉田正夫等。

内田穰吉编的《现代日本的经济和政治》

与上述论战相应的是接下来"自立论者"与"从属论者"之间展开的"日本帝国主义复活论战"。自立论者因为强调日本资本主义的自立性而主张日本帝国主义已经复活，而从属论者则因主张日本资本主义的从属性而否定日本帝国主义的复活。自立论者中间最早提出复活观点的是内田穰吉，他在 1958 年 11 月发表的《战后日本垄断资本主义史小论》（收录于大月讲座《战后日本的经济和政治》Ⅰ）中提到："我国现在是从属于美国的同时，已经复兴的垄断资本主义、帝国主义国家。"② 后又在 1961 年出版的《战后日本垄断资本主义史论》一书中提到："大约在（19）53 年以后，特别是 55—56 年之后，说日本帝国主义复活及其在发展的话，没有什么不妥之处。"③ 确切

---

① 内田穰吉编：《現代日本の経済と政治》全 4 卷，1958—1959 年版。
② 内田穰吉编：《戦後日本の経済と政治》Ⅰ，大月書店 1959 年版，第 41 页。
③ 内田穰吉：《戦後日本独占資本主義史論》，日本評論新社 1961 年版，第 122—123 页。

地指出了复活的具体时期，其他自立论者也大致持这一观点。与此相对，从属论者则都否认日本帝国主义已经复活。

实际上，双方一个很重要的分歧在于以什么作为帝国主义复活的标志？其中的焦点又集中到列宁在《帝国主义论》中给出的帝国主义的五个基本经济特征上，即（1）生产和资本的集中发展到这样高的程度，以致造成了经济生活中起决定作用的是垄断组织；（2）银行资本与工业资本已经融合起来，在这个"金融资本"的基础上形成了金融寡头；（3）与商品输出不同的资本输出有了特别重要的意义；（4）瓜分世界的资本家国际垄断同盟已经形成；（5）最大资本主义列强已把世界上的领土分割完毕。自立论者主张以列宁的五个经济特征来把握帝国主义概念（如佐藤升、小野义彦），而从属论者则认为只用五个经济特征并不够，还需要用以此为基础的上层建筑方面的政治性标志来加以说明（如上田耕一郎）。

以现在的观点来看，实际上，就当时的日本所处的特殊历史时期以及自身发展状况而言，不论是"自立论者"方面，还是"从属论者"方面的观点都不够充分。由于战后社会主义体制的快速发展以及殖民地体制的迅速崩溃，资本主义体制面临严重危机。为了应对危机，美国积极推进对主要资本主义国家的经济援助、军事援助，以维护和强化世界资本主义体制，为此，这些国家形成对美国的从属关系。而日本由于是战败国，战后初期又是处于美国的占领之下，对美国的从属关系则更为紧密。然而，随着战后的复兴政策的实施，垄断资本得以复活和强化，对美的从属关系不再是来自美国单方面的压力所致，还包含了日本垄断资本为维护自身体制而主动采取的适应性措施。虽然资本主义各国之间也有发展不平衡，并随着复兴的推进，各国之间的对立也会加深，同盟关系也会产生矛盾和问题，但当时的现代资本主义的根本问题却始终在于与苏联为代表的社会主义体制之间的对立。因为资本主义各国很清楚地知道，同体制间的矛盾可以经过不断地修补和调整予以协调，不会导致最终的对立和关系的破裂。从这一点来看，当时对于复活问题和从属问题的争论，实际上双方都未能准确把握现代帝国主义的实质。

进一步而言，实际上，这场论战的背后隐藏的是怎样理解帝国主义世界体制，以及与被编入这一体制的国内的阶级统治的关系问题。尽管帝国主义各国之间的对立不断激化，但为了维护帝国主义世界的秩序，保持各国之间的协调、"从属"关系却是必不可少的，一旦这种关系受到损害，使得从属问题和复活问题发生短路，就只得从从属和复活中二选一。而即使是在从属、依存关系之下，日本帝国主义复活的可能性依然存在，而美帝国主义与其支配下的帝国主义各国在"国际协调"的支撑下也得以存在。

2. 从"全面危机论"到"结构改革论"

实际上，战后的讲座派、劳农派这些正统马克思主义学者们对现代资本主义特征的认识具有共同的特点，即第一，都受到斯大林的"全面危机论"的深刻影响，即认为俄国革命直接引发资本主义世界的危机；第二，对于"国家垄断资本主义论"具有基本的共识，即战后开始的、以批判瓦尔加为标志的、强调非阶段倾向，非垄断体与国家结合的从属关系的国家垄断资本主义论。这两个特征也很明显地出现在当时专门研究现代资本主义论的具有代表性的日本学者们的争论中。如，井上晴丸、宇佐美诚次郎在《国家垄断资本主义论》[①] 中强调，日本从战前（战时经济）到战后（"复兴金融金库、日银的融资管制"）都强化了经济的国家控制，是社会主义俄国的出现使资本主义世界遭遇全面危机。岛恭彦在《现代的国家和财政的理论》[②] 中，将国家垄断资本主义定义为"以国家权力得以增强的垄断资本支配体制下的金融寡头制"，指出全面危机并非资本主义各国的外部因素所致，而是其国内因素导致，是社会保障、财政支出的国内政策问题。池上惇则在《国家垄断资本主义论》[③] 中强调，国家对经济的介入受制于"军事性质"等。这些都是当时的"全面危机论"和"国家垄断资本主义论"的基本观点。

从60年代到70年代，在经历了对斯大林的批判和日本经济高

① 井上晴丸、宇佐美诚次郎：《国家独占資本主義論》，潮流社1950年版。
② 岛恭彦：《现代の国家と财政の理论》，三一书房1960年版。
③ 池上惇：《国家独占資本主義論》，有斐閣1965年版。

速发展之后，日本马克思主义经济学者们的关注点转向垄断资本的自立、国家性质的变化等问题上，对于如何理解经济性标志和政治性标志的关系问题具有了较强的意识，于是开始从"全面危机论"转向"结构改革论"。

所谓"结构改革论"① 是 60 年代中期以后，前面提到的自立论者在介绍、研究意大利共产党的"结构改良"论的基础上提出来的理论，还一度与当时的国家垄断资本主义论相互关联着展开过论战。较强地显示出这种倾向的是批判斯大林后出现的新生代的马克思主义经济学者们，包括今井则义、井汲卓一、佐藤昇、长洲一二、石堂清伦、杉田正夫、竹中一雄、大桥周治等人。他们依靠的代表性出版物有：讲座《现代马克思主义》②、杂志《季刊日本经济分析》③、杂志《现代的理论》④ 等。

这一新动向开始于东德的古尔脱·齐夏（Kurt Zieschang）1957年发表的论文《国家垄断资本主义的若干理论问题》。相对于当时国家垄断资本主义论的共识，即斯大林的《国家机构从属于垄断资本》一文中的观点，齐夏试图从生产力与生产关系的矛盾和发展来说明国家垄断资本主义的形成。他认为："生产力的社会化的发展既可能形成资本主义的新的生产关系，也是要求如此。这样的新形式是生产关系'适应'生产力社会化转变的表现，是资本主义生产关系更加社会化的形式。"⑤ 进而提出："国家垄断资本主义不外是资本主义生产关系的这样一个新的形式，是帝国主义生产关系的一个新的阶段，是生产力与生产关系矛盾的必然产物。"⑥ 他举例说，就如当时西德所看到的，以自动化为特征的、具有较高生产力水平的现代资本主义需要与已经社会化的生产力相适应的社会化的生产关系。由于考虑到这需要国家对经济过程的介入才能实现，因此国

---

① 日文维基百科：《構造改革》。
② 講座：《現代マルクス主義》全 3 卷，大月书店 1958 年版。
③ 雜誌：《季刊日本经济分析》，经济分析研究会编，大月书店 1959—1964 年版。
④ 雜誌：《現代の理論》，现代的理论社 1964—1989 年版。
⑤ 井汲卓一编：《国家独占资本主义論》，现代的理论社 1971 年版，第 29 页。
⑥ 同上书，第 34 页。

家垄断资本主义的问题与全面危机的问题就相对地成了另外的问题，即不再是以前的全面危机论，而是基于"生产力高度化"论基础上的对国家垄断资本主义的认识。当然，齐夏的观点当时即受到东德和日本的很多学者的批判。但是也有一些学者受到齐夏这样的新国家垄断资本主义论的鼓励，试图将齐夏的理论更加体系化。日本的一些结构改革论者们就受此鼓舞，转而去阐明当时日本的经济高速增长（由大量生产、大量消费支撑的新型资本主义体制）的理论。如，今井则义编的《日本的国家垄断资本主义》① 一书中提出，以全面危机论无法说明第二次世界大战后的生产力发展，国家垄断资本主义是"生产关系社会化的形式"，国家垄断资本主义论是"根本性问题"。井汲卓一编的《国家垄断资本主义论》一书中提出，从资本主义向社会主义的过渡期的国家垄断资本主义是立足于高度的生产力（福特式的大量生产方式）和新的组织化原理（管理货币制度）之上的观点。

　　如果说"全面危机论"是具有政治主义倾向的国家垄断资本主义论的话，那么"结构改革论"则是更具经济主义倾向的国家垄断资本主义论。而对于当时的"全面危机论"和"结构改革论"，近年日本学者也都有很多的批评。比如认为"'全面危机'论者对于二战后的分析是原样照搬了大战期间在不稳定的世界局势下产生的斯大林的观点，却未能抓住高速增长的经济状况。与此相对，结构改革论者则是虽试图抓住战后高速增长的理论基础，却未能把握其分析标准的具体指标"②，等等。

　　此外，当时的日本共产党的纲领论战也与这场结构改革论战相互关联，形成党的主流派与反党章派的论战，最终主流派占据上风，并于1961年7月的第八次党大会上通过了纲领草案，即"61年纲领"。长期以来围绕纲领草案的论战宣告结束，之后党的基本方针得以真正确立。

---

① 今井則義编：《日本の国家独占資本主義》，合同出版1960年版。

② 長尾克子：《革命幻想の解体過程》，日刊工業出版プロダクション2004年版，第276—277页。

三 新自由主义时期：从讲座派到正统派

（一）从讲座派到正统派

如前所述，进入70年代以后，随着欧美国家遭遇"黄金与美元交换"停止、"战后IMF体制"的崩溃和世界经济持续增长的终止而引发了经济停滞的困境，进入80年代后，为了摆脱滞涨危机，以美国的里根总统和英国的撒切尔首相为代表的欧美国家领导人开始推行新自由主义政策。而日本虽然保持了经济的增长，但也出现了财政危机，于是在国际环境的冲击下以及国内课题急需解决的情况下，中曾根政权采取了诸多新自由主义的政策。而一系列的政策措施使得日本经济在70年代的基础上，继续着繁荣的局面。80年代的日本不仅成为世界上的生产大国，而且成为拥有大量金融资产的金融大国。80年代中期以后，日本资本更是大规模地向海外发展，到了80年代末，日本已成为仅次于美国的海外投资大国和世界最大的债权国。

在上述国内外环境发生巨大变化的情况下，为分析和研究资本主义的新变化，日本马克思主义经济学内部主张以不同于传统的讲座派、劳农派的主流学派的研究方法，去研究现代资本主义的学派涌现出来，主要包括战前已经出现的宇野派，以及70年代以后由市民社会派转换而来的调节学派和享誉世界的数理马克思经济学派。而随着这些有别于讲座派和劳农派为核心的主流马克思主义经济学派的相继确立，主流马克思主义经济学派常被称为"正统派"，后来这一称谓又主要指讲座派。

与新兴学派的活跃相比，这个时期的日本主流马克思主义经济学派，即正统派（讲座派）虽然没有特殊的理论性发展，但一直保持着忠实于马克思主义的基本理论，并具有在日本马克思主义经济学界占据多数派、研究范围广等特征。此外，正统派对于马克思理论形成史的研究一直保有较高的研究水平，引人关注。《资本论》解释学的研究是正统派从战前就开始的传统，战后，随着对马克思尚未出版的草稿进行解读工作的推进，《经济学批判纲要》等出版，从初期马克思研究到中期马克思研究不断深化。以大村泉为中心的"年轻马克思、恩格斯研究者之会"拥有会员 70 人，包括合作会员在内达 130 人之多的资本论形成史研究结成一个规模较大的团体，还出版发行了《马克思、恩格斯/马克思主义研究》杂志。此外，望月清司、大谷祯之介等人也很活跃。资本论形成史学者们的活动成为正统派内部最活跃的部分。

（二）集学派之大成的《资本论体系》（全 11 卷）的完成

提及这一时期的正统派（讲座派）的研究成果必然要提到集学派学者研究之大成，历时 17 年（1984—2001 年）完成的学派的代表作品《资本论体系》（全 11 卷）（有斐阁）。这部著作是学派在 1984 年为纪念马克思逝世 100 周年而作的特别企划，成为本部著作编委的学者都可称为是正统派的代表人物。而这也是该学派区别于其他学派的一个主要特点，即正统派因其学者研究层次的多重、研究程度的深入，代表人物也众多。

这部 10 卷 11 本巨著的主编有三位，分别是富塚良三、服部文男和本间要一郎，其他编委包括佐藤金三郎、种濑茂、井村喜代子、浜野俊一郎、深町郁弥、久留岛阳三、保志恂、山田喜志夫、木下悦二、村冈俊三、吉原泰助、北原勇、鹤田满彦等人，此外各卷执笔学者在 10—20 位左右。各卷的主要内容包括：第 2 卷至第 7 卷是对应马克思《资本论》的理论及叙述顺序而展开的，各卷按照"原点解说"、"论点"和"研究与论争"三部分构成展开解说和论述。其中"论点"中的"（D）现代意义"部分，是结合各卷的主题，就重要的论点及其"现代意义"进行阐释；而"研究与论争"部分的论述则是围绕各主要理论展开的争论。而第 1 卷研究了资本论体系的"形成史"，第 8 卷研究了马克思理论的后半部分"国家·国际商业·世界市场"，第 9 卷分为上、下两部，共同研究了"恐慌·产业循环"的问题，第 10 卷则是在以上各卷对资本论体系研究的基础上，对于现代资本主义的特征、历史地位、未来发展、局限性及其克服的方向等内容作出全面和概括性的提示。

可以说，这是一部了解正统派对于《资本论》的研究以及对于现代资本主义的认识、分析最全面、最具代表性的巨著。

（三）学派的研究特色

总结正统派可以发现，这一学派具有三个鲜明的特色：

第一，立足于马克思主义立场，展开以历史研究和政治分析为基础的经济学研究。与日本马克思主义经济学的其他学派相比，正统派始终坚持对历史的研究，坚持经济学的研究要保持政治性的问题意识，即主张作"政治经济学"研究。这是正统派区别于其他学派的关键特征。

第二，始终坚持最大限度地尊重马克思研究遗产的严谨态度。正统派一直以来保持着对《资本论》深入研究的良好传统，从大量原始资料的收集、整理，到各种解读书籍的出版，可以说，在学派发展的各个时期都可以看到该学派所展现的对马克思研究遗产的高度重视和深入研究。此外，在研究经典的同时，该学派还能够联系现实，展开分析，其中对于"现代资本主义分析"上的诸多成果更体现了学派对于《资本论》研究的理论发展和现实解说的较高水平。

第三，坚持思想与科学相结合的研究特色。正统派既反对在马克思主义经济学的研究方面将思想与科学相割离的做法（对宇野派的批评），也反对单纯地从自然科学（如数学）方面去研究的狭隘的研究方式（对数理学派的批评），始终坚持思想与科学相结合的研究方法。

第 五 章

与日本社会党相伴
——劳农派的发展

一 战后初期:劳农派左派论战中获取优势

(一) 日本社会党内左右两派的对立激化——"森户·稻村论战"①

1945 年,主要由劳农派组成的另一个革新政党,即日本社会党,形成了战后日本马克思主义经济学研究的又一个中心。劳农派的理论活动和实践活动也都再次活跃起来,促进了劳农派的发展。

如前所述,战前的劳农派与讲座派的主张不同,已经承认日本的垄断资产阶级的主导权,并定义"九·一八事变"以后出现并发展的日本政治体制是法西斯主义,而法西斯主义即是垄断资本统治的一种特殊形式。而对于战后的变革,劳农派认为,虽然战后的变革打倒了法西斯主义,但垄断资本的主导权本身却没有崩溃,只是被垄断资本的其他形式所取代。正如山川所说,从前的统治者是"大胆地主张以武力进行侵略的战争罪犯",而现在的统治者则是"以更为温和的手段图谋经济侵略,充其量只是以如此的差异而掌握着现政权罢了",② 而政权在这里并没有发生阶级的转移。此外,由于战前日本的资产阶级民主主义并不成熟,所以战后进行的民主变革规模很大,但这种变革也只能解释为具有补充资产阶级规模的意义。

---

① 日文维基百科:《森戸·稻村論争》。
② 山川均:《日本民主革命論》,黄土社 1947 年版,第 40 页。

在上述对战后变革的理解之上，劳农派提出的战略自然就是要进行打倒垄断资本的统治体制的社会主义革命，即与战前一样，仍然主张的是"一阶段革命战略"。而实现战略目标的方法即是在一阶段革命战略的基础上的"和平革命论"。后来这一和平革命论被"左社纲领"所继承，成为劳农派革命方式的基础理论。

这期间也是社会党内部左右两派对立最为激烈的时期。在1949年4月的日本社会党第四次党大会上，围绕左派稻村顺三起草的运动方针草案以及右派森户辰南提出的修正案，社会党左右两派展开了激烈论战，即著名的"森户·稻村论战"。这场论战主要论点有三个：（1）革命的方式，（2）党的思想立场，（3）党的性质。具体内容如下表：

	关于革命的方式	关于党的思想立场	关于党的性质
森户方面	革命是渐进的、量的变化过程；主张改良主义	党应是社会民主主义政党；采取反共的立场	否定党的阶级性和无产阶级的领导权；定义党为"劳动民众的党"
稻村方面	革命是政权的阶级转移，是质的转化；主张通过掌握政治权力实行社会主义革命	坚持科学社会主义的立场，主张通过国民变革社会制度；有时也可以与共产党共同奋斗	需要确立劳动者阶级的领导权；定义党为"劳动者的政党"或者"劳动阶级的阶级政党"

可见，这场论战其实是马克思主义与改良主义的对立，也成为日后分裂成左、右两个社会党对立理论的原型。后来在胜间田清一的调停下，运动方针最终确定党的性质为"以劳动阶级为核心的包括农民、中小企业者以及知识阶层等的广泛劳动大众的民主组织体的政党"。运动方针的整体已具有很强的左派色彩。而实际上，经过这次党大会，社会党的主导权也由战后握在右派手中开始向左派手中转移，比如左派的铃木茂三郎出任党的总书记，以代替原来右派的浅沼稻次郎。而这次党大会后，直到1986年制定"日本社会党的新宣言"为止较长的历史时期，社会党中都以左派为主导。此外，左派从此以劳农派马克思主义为理论支撑，从这一点上看，这场论战对日后的左派发展具有重要意义。

（二）日本社会党分裂——"左社纲领"的提出与论战

朝鲜战争爆发后，美国为应对冷战形成的新局面，加快推进对日和约和日美安保条约的签订，随着1951年9月旧金山和约、日美安保条约的先后签署，10月日本社会党内部对于两个条约的态度产生分歧，即左派两个条约都反对，右派则支持和约、反对安保条约，这一分歧最终直接导致社会党分裂为左、右两个社会党。其中，以提倡民主人民战线的学者们组成了社会党左派，并确立了以山川均和向坂逸郎的战略思想为核心的1954年的左派社会党纲领草案。这一纲领草案指出：虽然伴随着战败，垄断资本支配下的特殊形式——法西斯主义已经不复存在，但垄断资本的霸权依然存在，并且以更强有力的支配者的身份统治着战后的日本。战后的民主革命不论它以怎样的革命外衣相掩盖，都只不过是对资产阶级革命的补充而已，因此战败后的日本的战略目标只能是通过和平手段进行的社会主义革命，即主张通过和平手段的"一阶段革命论"。

这一纲领提出后，随即遭到党内外的各种批判，其中党外的批判包括来自资产阶级的新闻界、右派社会党以及日经联（即日本经济者团体联盟），还有从51年纲领的立场出发的共产党。而来自党内的批判，则是对清水慎三提出、并得到总评（即日本劳动组合总评议会）事务局长高野实支持的"清水私案"予以的质疑。"清水私案"认为，战败后的日本一直是在美国的权力支配之下，就日本没有独立主权而言，与殖民地无异。而作为一个垄断资本的国家，其权力组织和剥削结构没有被解体，就全面处于隶属关系之下的状况而言，是从属国。因此，日本总体来说是处于殖民地从属国的地位。因此，当前的战略目标理应是民族的完全独立，并应将其与社会主义革命直接相连，而其革命方式应该是"以和平革命为基调的、组织起来的革命方式"。在这点上，该意见显示出与共产党的51年纲领相接近的现状认识。可以说，这是一个处于左派社会党的纲领草案与共产党的51年纲领之间的一个方案。此外，还有一个介于"清水私案"与51年纲领之间的、由木下源吾、细迫兼光等人组成的纲领研究会提出的意见书,这个意见书几乎没有评价垄断的阶级性统治和战后民主化的意义,只是强调民族独立和要进行"一举扫除半封建残余的民主主义斗争",立场与51年纲领的民族解放民主革命更为接近。

可见,纲领草案与"清水私案",以及与纲领研究会的意见书之间发生的论战,实际都是发生在马克思主义阵营内部的论战,只是由于各自对当时的日本现状认识的不同,因此才就所提出的不同革命方式展开论战。之后,清水、高野脱离了1951年由山川均、向坂逸郎、大内兵卫、冈崎三郎、高桥正雄、清水慎三、高野实等人共同组建的社会主义协会,而社会主义协会的思想意识的统一性由此得到进一步的加强。

1954年左派社会党确定向坂等人提出的纲领——"左社纲领",这一纲领不仅系统地介绍了劳农派马克思主义的主张,而且是谋求实现左右社会党再次统一、具有折中内容的一份纲领。

二 高速发展时期:劳农派左派确立社会党内地位

(一) 日本社会党的结构改革论战——左派确立党内地位

1955年10月社会党左右两派召开党大会,实现了党的再次统一,这时社会党在众议院的议席已经扩大到156席,从此形成了前面提到的日本政坛的"五五年体制"。1956年社会党更在参议院选举中获得49议席,社会党自己也认为已经距离获取政权不远了。1957年1月社会党再与劳动者农民党合并,终于彻底结束了社会党势力的分裂局面。此时,社会党在众议院的议席达到160席。在1958年的第28次总选举中虽最终未能实现从自民党手中夺取政权的愿望,但这却是社会党历史上最辉煌的时期,共获得了众议院的166议席,而且是唯一一次实现超过总议席1/3的选举。

1958年前后日本社会党内部的一些人、主要是总部书记局的人开始研究"结构改革理论"。
在 1960 年 10 月的第 19 次临时
大会上，江田三郎总书记①在
题为《为了总选举的胜利和前
进》的议案书中提出：进行反
对"垄断资本的结构政策"的
"我们的结构改革"，并将"提
高国民各阶层的生活"、"改革
劳动支配的结构"和"改革贸
易结构"三个内容作为"新路
线"的核心目标。临时大会采
纳了这一"新路线"，成为社

江田三郎（1907—1977）

会党最早引入的结构改革路线。之后，1961 年 1 月 1 日《社会新
报》刊载的共同讨论"结构改革的斗争"中，明确说明了结构改
革论的主要内容，即"在构成资本主义基础的资本主义的结构（生
产关系）中，赢得劳动者参与的、局部的改革"，"通过这种局部
的变革，进而动摇剥削的根基"，这就是结构改革。"结构改革的
斗争不只是停留在现实中的个别改良斗争，而是要建立在实现社会
主义这样一个政治路线之上，不断积累、不断扩大阵地，在为走上
社会主义道路做准备的同时，推动日常的斗争不断向前。社会主义
的实现就是建立在这种结构改革的斗争的基础之上，通过伴随权力
的移动的实质性变化的斗争，开始得以实现的"。此外，1961 年 1
月期的《月刊社会党》上刊登了江田总书记的《今年我们的课
题》② 一文，阐释了提出结构改革论的理由及其内容。

　　对于江田总书记为中心的结构改革论派提出的观点，社会主义

---

　　① 江田三郎（えださぶろう），1907 年 7 月 29 日—1977 年 5 月 22 日，日本政治
家。曾任日本市民联合代表（第一任），日本社会党代委员长、书记长、副委员长等职。
日文维基百科：《江田三郎》。

　　② 江田三郎：《今年のわれわれの課題》，《月刊社会党》1961 年 1 月号。

协会的学者们率先给予了批判。向坂逸郎连续发表文章,① 严厉地
批评道：结构改革论是具有"逐步走向失败的革命"论的性质的改
良主义思想,与"左社纲领"中予以否定的要等待"革命的客观
条件"的时机主义一样,具有右翼机会主义和左翼冒险主义的危险
性。此外,当时的总评议长太田薰也对结构改革论中的诸多不明点
提出质疑,② 几乎在同一时间,总评的长期政策委员会也向社会党
的政策审议委员会发出题为《关于结构改革论的质疑》的公开质
疑信。

此后数年,围绕结构改革论的争论扩展到很多其他方面,扩展
到更为广泛的领域。其中
1962 年 7 月江田总书记提
出的"江田构想"以及围
绕这一构想展开的论战最
为有名。所谓江田构想,
是指江田 1962 年 9 月在
《经济学家》杂志上发表
的《社会主义的新构想》
一文中提出的构想,是由
"如美国的较高的生活水
平"、"如苏联的彻底的社
会保障"、"如英国的议会
制民主主义"、"如日本的
和平宪法"的"四个支
柱"支撑的社会主义现代
化构想。这一构想遭到反
结构派的激烈批评。而

江田构想（1962 年 10 月 9 日）

---

① 向坂逸郎：《日本社会党の課題》,《新情報》第 51 号,1960 年 12 月 22 日;
《構造改革論と社会党の課題》,《社会主義》1961 年 2 月号など。
② 太田薫：《社会党の構造改革論に対する七つの疑問》,《月刊総評》1961 年 1
月号。

1962 年 11 月的第 22 次党大会上更作出谴责决议，导致江田辞去总书记职务，结构改革派从此走向衰退。

此后，左派（协会派）构想的"日本走向社会主义之道路"①（通称"道"），作为社会主义理论委员会的报告 1964 年提交第 24 次日本社会党大会，并得到认可。报告明确了社会党的基本革命路线和基本方针，成为继 1955 年社会党制定的"统一社会党纲领"之后的重要文献，也被评价为"具有事实上的新纲领的性质"②。这个报告站在无产阶级国际主义的立场，主张通过形成"反垄断国民战线"、议会与院外的大众斗争的结合，以和平革命的方式开拓实现社会主义的道路。一方面，这一文件成为之后社会党左派的纲领性文件，而另一方面这也从事实上表明了结构改革论不再作为社会党的基本方针。从此，历经四年的党内论战暂告结束，结构改革论失去了其原有的影响力。至此，左派（社会主义协会）确立了在社会党内的主导地位，一直到 1986 年《日本社会党的新宣言》制定为止。

（二）社会主义协会③的建立

社会主义协会是战前劳农派在战后的再集结，创立于 1951 年 4 月，由大内兵卫命名，同时创立了《社会主义》杂志，作为协会的代表性刊物，以取代 1947 年创刊的《前进》杂志。协会最初的组成除了有大内兵卫、山川均、向坂逸郎、高桥正雄等学者之外，江田三郎等日本社会党的政治家和总评及工会干部也有很多人参加。《社会主义》创刊初期的编辑方针主要受总评的高野实的思想所左右。不久，由于在"左社纲领"和"清水私案"等问题上存在的分歧，山川均等人与高野实矛盾加深，1953 年 12 月高野实、清水慎三等人退出社会主义协会。之后，以山川均、太田薰等为代表的

---

① 日文：《日本における社会主義への道》。
② 月刊社会党编集部：《日本社会党の三十年》（3），第 161 页。
③ 日文维基百科：《社会主義協会》。

社会主义协会的机关刊物（1951 年创刊）

社会主义协会的理论成为社会党左派的理论支柱。

1958 年山川去世后，向坂成为社会主义协会的代表。由于向坂曾参与左派社会党纲领的起草，因此强调只有"左社纲领"才是最接近理想的纲领，呼吁社会党回归"左社纲领"的精神，并与太田薰和岩井章联手，促使社会党的路线"左"倾化。此后，通过参与支持安保、三池斗争，社会主义协会思想的影响力得到扩大。与当时的社会党领导者忽视社会活动家、热衷于派系斗争不同，社会主义协会通过举办《资本论》讲座等方式，倾注精力，教育社会活动家，为协会派的活动家们后来不断扩大势力打下了基础。

社会主义协会进而逐步成为实践性很强的社会团体，并且提出运动方针。协会在理论上接近苏联型社会主义理论，1966 年的第七次大会上确定马克思、列宁主义为协会的基本理论。此外，1968 年确定和平革命论为社会主义协会的基本理论，载入"社会主义协会纲领"，纲领中还明确提出无产阶级专政观点。而 1964 年确定的社会党的纲领性文件"日本走向社会主义之道路"中，经 1966 年修改后，也肯定了无产阶级专政的主张，表现出社会主义协会派的党员在党内的巨大影响力。

1967 年，在社会主义协会的第八次大会上，向坂派与太田派分裂。分裂的原因在于相互间对于主张采取的不同运动形式的分歧增大，以致无法调和。比如向坂派更重视理论学习，而太田派认为这并不够，主张致力于在职场和地方开展更广泛的运动。之后，向坂与大内重组新的社会主义协会，创立新的《社会主义》杂志，协会正式分裂。分裂之初，虽然太田派占据多数，但由于向坂派更积极地参与社会党的组织活动，并有数人成为国会议员，势力不断增强。而太田派内部又出现分裂、退出等问题，很快衰落下去。从此，向坂派的协会全面代表社会主义协会。

三　新自由主义时期：劳农派走向衰落

受到国内外环境的影响，1963 年的总选举开始，社会党的议席逐次减少，特别是 1969 年从 140 席锐减到 90 席，显示其势力的减弱。

在党内，进入 70 年代以后，曾以社会党青年部为基础，在安保、三池斗争中诞生的日本社会主义青年同盟（简称"社青同"）一直深受社会主义协会思想的影响，1971 年在"社青同"第 10 次大会上，向坂派活动家实现主导执行部，社会党又将向坂派执行部领导的"社青同"作为党唯一支持的青年团，此后"社青同"更成为深受向坂派协会影响的组织，势力迅速扩大起来。

向坂派社会主义协会得到社会党、"社青同"活动家的支持，在社会党内的势力不断增强，实际上已成为社会党内的一个重要派系。此外，对外协会一直明确对当时的苏联表示支持，并与苏联进行定期交流，在理论和组织上与苏联都保持着密切的关系。对内，由于向坂派协会既强烈批判社会党内的江田等人提出的社会公民路线和提倡西欧型社会民主主义，也与共产党激烈论战，因此协会被当时的媒体称为"社会党最左派"而闻名。

随着协会在社会党内的势力不断加强，日益引起党内其他各派的警惕，1977 年 2 月的党大会上，党内其他各派明确发出"限制社会主义协会"的声音。从党的千叶本部到地方组织，都出现协会派与反协会派的分裂，而出于对党大会后离党、不久又去世的江田的同情，舆论也倾向于反协会派方面。甚至总评也赞成限制社会主义协会。无奈之下，1978 年第 11 次大会（总会）上，社会主义协会同意做回理论研究团体，不再参与政治活动。"社会主义协会纲领"也作出部分修改，改称"社会主义协会的提案"。

协会受到限制后，向坂门下的学者们逐渐改变立场，转向支持西欧型民主主义。1985 年 1 月向坂逸郎辞世，1986 年在石桥正嗣委员长的支持下，社会党制定了《日本社会党的新宣言》，"新宣言"决定放弃革命、采取西欧社会民主主义政党的立场。虽然遭到社会主义协会的强烈反对，但因协会内部也有一部分人赞成或默认"新宣言"，协会呈现出思想不统一的混乱局面，早已失去了昔日的影响力。之后，社会主义协会中与社会党关系密切的会员成为党内稳健左派，并掌握着执行部，并对西欧型社会民主主义表示一定的理解。但也有主张坚持 70 年代的态度的会员，内部分裂加剧。在劳动运动方面，围绕劳动统一战线问题也产生了很深的内部矛盾。1987 年 6 月，党中央本部书记所带领的一派大多又离开协会，社会主义协会的力量大受削弱。

尽管社会主义协会在社会党内影响力已经大为减弱，但社会党却并未因此而重新振作，即便是"新宣言"的出台也没有能够阻止社会党势力的减弱，在 1986 年的第 38 次总选举中，社会党再遭重挫，众院议席位降至 85 席，走向衰落的倾向日益明显。

第　六　章

与主流相偏离

——去"主义"的宇野学派

前面提到，战后日本马克思主义经济学的研究除了战前已有的讲座派、劳农派之外，又增加了不少新的学派，其中影响力较大的有宇野学派、市民社会学派和数理马克思经济学派。而宇野派又是这些学派中最早形成（二战前即已初步确立）、且拥有自己独特理论体系的学派。为此，首先从宇野学派开始介绍。

一　宇野弘藏及其理论

（一）宇野弘藏其人①

宇野弘藏（うのこうぞう）（1897 年 11 月 12 日—1977 年 2 月 22 日），是日本著名的马克思经济学家，即便是在日本马克思经济学者当中也是具有特别重大影响力的学者。他创立的理论被称为"宇野理论"，以此理论为核心创立的学派被称为"宇野学派"，足见他在学界的存在感。宇野学派对新左翼和社会主义协会都曾产生重大影响。如果说到宇野学派与讲座派、劳农派的渊源，由于宇野与向坂曾是大学同学和挚友，后来在讲座派与劳农派的战前论战中，宇野的观点也比较倾向于劳农派，因此有学者认为宇野派与劳

_____

① 日文维基百科：《宇野弘藏》。

农派有着较为深厚的渊源。

宇野出生在日本冈山县仓敷市，1921 年东京帝国大学（即现在的东京大学）经济学部毕业，1954 年该大学经济学博士毕业。在读大学期间，宇野就对社会主义、马克思主义和《资本论》产生浓厚的兴趣，与西雅雄和向坂逸郎成为挚友。大学二年级时，结识堺利彦、大杉荣和山川均等马克思主义学者，深受影响，产生了研究社会主义理论的想法。

1921 年毕业后，加入当时著名的左派研究机构——大原社会问题研究所。1922 年赴德国留学两年，期间对《资本论》和《帝国主义论》进行了深入的研究。

宇野弘藏（1897—1977）

1924 年任东北帝国大学（即现在的东北大学）法文学部经济学副教授，在当时的马克思主义经济学的批判与反批判的环境中，宇野埋头于《资本论》的研究，并参与了日本资本主义论战，研究开始言及落后国家实现资本主义的理论。期间曾于 1938 年受"人民战线事件"牵连而被捕，后无罪释放。1941 年从东北帝国大学辞职，进入财团法人日本贸易振兴协会（现在的独立行政法人日本贸易振兴机构）日本贸易研究所工作，1944 年进入三菱经济研究所。这段时间，宇野暂时放弃了经济学的研究，转而从事于具体性分析工作，内容涉及第一次世界大战后的日本农业、殖民地经济等问题。

二战结束后，宇野重新开始投入到研究工作之中，1947 年出任东京帝国大学社会科学研究所教授，1949 年任所长。东大工作期间，宇野将自己的理论体系化，提出"三阶段论"。1958 年从东京大学退休后，就任法政大学社会学部教授，直到 1968 年。

这期间宇野一直在完善自己的理论。1977 年，宇野因肺炎在家中去世，享年 79 岁。

相比于当时研究马克思主义理论的同龄学者，宇野属于"大器晚成"的人物。他在大学时代已经开始对马克思主义经济学产生兴趣，并进行研究，毕业后即在著名的大原社会问题研究所工作，而该所的所长即是其大学时期的恩师高野岩三郎，后又与高野的女儿结婚。在赴德国留学归来的途中，宇野与后来曾经红极一时的福本和夫同船，还曾就唯物论的理解问题两人展开激烈争论，而福本也只比他大 3 岁。而他与日本著名的马克思主义经济学家向坂逸郎更是同龄，且同为东京帝国大学经济学部的同学，两人大学期间即经常讨论马克思主义理论。可见，宇野与福本、向坂可谓同期起步。然而，福本在战前就以提出"福本主义"而名声显赫，"福本主义"在 1926 年 12 月的日本共产党重建时，更是成为日本共产党的指导理论，对党的重建产生重大影响。向坂也早在战前的讲座派与劳农派的论战中，以劳农派的代表人物的身份，提出自己的观点，十分活跃。特别是他与讲座派的山田盛太郎的论战更是引起广泛的关注，名声大振。相比之下，战前的宇野虽已发表初具宇野理论雏形的《资本主义的成立与农村分解的过程》（《中央公论》1935 年 11 月号）一文，但却未能引起关注。而他在东北帝国大学的副教授身份也长达 14 年之久。可以说，直到二战后，特别是在他的《经济原论》于 1950 年出版后，才终于得以作为具有独特见解的马克思经济学家在学界引起关注，从此确立了他在日本马克思主义经济学界的地位，那时他已超过 50 岁了。然而他的成就却是得到国内外学界的广泛认可的，以他的名字命名的理论和学派，至今仍在日本马克思经济学界占有重要地位就是很好的证明。

宇野的主要业绩被认为是将经济学研究划分为原理论、阶段论和现状分析三个部分，确立了从唯物史观和社会主义分离出来的马克思经济学研究，即主张马克思经济学研究，而非马克思"主义"经济学研究。宇野曾在自己的著作中明确表示，从不认为自己是马克思主义者，从广义上讲，他也不认为自己是社会主义者。他还以

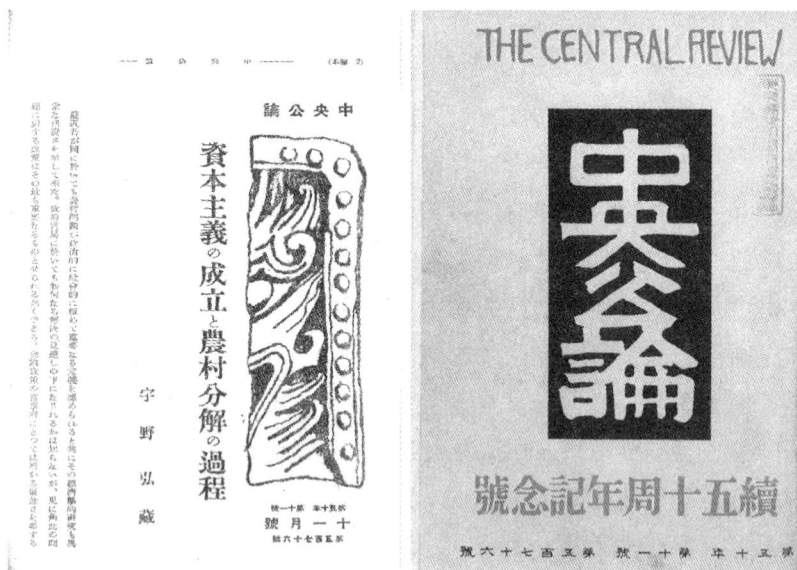

宇野弘藏发表于《中央公论》上的论文

称呼正统派经济学者为"马克思主义经济学者"与自己相区别。

(二) 宇野弘藏提出特殊的理论体系

如前所述,二战前作为社会主义运动主流的日本共产党为了对日本资本主义进行更为严密的分析,以便使其制定的纲领更加合理,需要展开深入的理论研究,担负起这个责任的首先是野吕荣太郎,而将这个任务完成的则是山田盛太郎。以他们为代表确立的讲座派的观点即是将日本的天皇制理解为绝对王制,将日本资本主义定义为半封建性的。之后,这种观点占据了日本马克思主义经济学的主流。对讲座派的这种观点提出批评的是劳农派的猪俣津南雄、栉田民藏和向坂逸郎等人。于是,两大派间展开了日本资本主义论战。围绕如何将《资本论》用于日本资本主义的分析问题,两大学派一方面为了进行日本资本主义论的研究,大量收集资料,努力明确日本资本主义发展的具体路径,另一方面则通过这些努力深化对

《资本论》的理解。

正当讲座派与劳农派学者就日本资本主义问题展开激烈论战之际，宇野当时并没有积极地投身于这场论战，而是从旁关注着论战，并深入思索着论战中的问题。他对于讲座派和劳农派将《资本论》的理论直接用于分析现实状况的方法产生疑问，于是以独特的视角重新研读《资本论》。他发表的《资本主义的成立与农村分解的过程》一文虽然被当时的论战所淹没，甚至未能引起任何关注，但却对后来发展起来的、由宇野创立的宇野派马克思经济学的特殊体系具有重大意义。

宇野弘藏在文章中首先提出，马克思的经济学理论大体上是从已发展成为典型资本主义的英国发现资料和理论，并以此为基础展开的，而且关于资本主义产生的理论也是以英国为基础建立的。虽然马克思也承认其他国家由于其历史时期的不同，会表现出各种不同的发展形式和次序。然而，马克思的理论却也有着将以英国为典型而展开的分析过程作为唯一的理论标准加诸于具有同样过程的其他国家之上的作用。之后，宇野对 15 世纪末到 16 世纪的英国资本主义产生和农村的解体过程进行了描述，并认为马克思将这一过程作为资本的原始积累过程在《资本论》中给予了详细的分析。然而，在这里宇野提出，马克思对于英国资本主义的实现过程的分析，对于日本这样的落后国家的资本主义的产生，其实只是给予了基本的规定而已。因为落后国家多少会以英国经历的过程为基础，将完成这个过程当作资本主义的实现，并且将其放在完成所谓的产业革命到资本主义的形式之下，引入国内。

然而，宇野也进一步指出，落后国家实现的资本主义是要通过将发达国家经过长时间才达到的机械化大工业在短时间"移植"过来的方式得以实现的。因此，这个过程必然是与英国那样的发达国家不相同的。机械化大工业移植到落后国家之际必然伴随着相对过剩人口的累积，而通过这种移植实现资本积累时，因农民阶层的分解不彻底，早期就会出现相对过剩人口。因此，日本的原始积累一方面产生出资本主义的高度发展，另一方面表现出农村旧的社会的分解过程的缓慢，封建小农经营很强的残存性。

宇野在说明日本所特有的农村分解过程的不彻底、农村家庭的子女被作为产业预备军赶出农村的同时，又以说明国内市场的狭小为媒介，阐明日本以帝国主义的形式去获取外国市场的必然性。即宇野指出，作为获得农村的政治课题和资本对外扩张的经济课题结合点，国家资本主义必然会提出新的要求。这一新的要求，不是简单地将天皇制作为封建幕府体制延续下去，而是要通过明治维新创造出全新的东西。

宇野通过上述分析，认为日本资本主义的起源应该是西方的"普遍性"资本原理从外部导入的反作用、被动地根植于日本的过程。当然，这种导入并非是将西方出产的机械大工业原封不动地安置在日本，由于受到导入当时的日本历史条件的限制，反而是会以独自的、变样的形式落户于日本，而日本资本主义也由此直接置身于世界帝国主义阶段。通过这些分析，宇野没有将不曾与西方发展有交集的日本自身的发展神话化、孤立化，而是将日本资本主义的特殊性作为落后资本主义国家一般常见的一种"典型"发展道路，从理论上进行了阐释。也因此，宇野反对直接将原理用于现状分析，进而编制出通过阶段论的规定为媒介、以原理为基准的现状分析的独特方法。

由此，宇野认为，战前日本社会残存的封建的、非资本主义的各种关系是资本运动本身必然产生的结果，即资本主义在达到一定阶段时，其运动方式就会表现出与《资本论》所揭示的运动规律的不同，因此需要建立《资本论》与落后国家的资本主义化之间的理论上的相关体系。这些研究成果后来集中收录在他的《经济原论》[①]（上、下）、《经济政策论》[②]、《经济学方法论》[③] 中，初步形成了日后著名的、独特的宇野理论。

---

① 宇野弘藏：《経済原論》（上、下），岩波書店 1950—1952 年版。

② 宇野弘藏：《経済政策論》，弘文堂 1954 年版。

③ 宇野弘藏：《経済学方法論》，東京大学出版会 1962 年版。

二　宇野理论及宇野学派

（一）宇野理论的基本内容

1. 三阶段论

宇野弘藏的特殊理论体系

　　宇野的主要研究成果被收录在《宇野弘藏著作集》（共 11
卷)① 中。宇野提出的理论体系的独特之处在于，他主张将经济学
分为"原理论"、"阶段论"和"现状分析论"三个部分（即"三
阶段论"），其中特别需要重视构成其基础的原理论的设想。宇野
认为，在研究《资本论》的过程中，应将马克思经济学的自律性和
纯粹性的科学部分归于"原理论"之中加以确定，即严格区别思想
和理论，以拒绝成为党的"御用学问"，这实际上是宇野针对当时
的讲座派和劳农派的研究深受政党方针、战略左右的状况而提出的
研究马克思经济理论的方法。之后，宇野派将这一基本态度沿承下
来，即将马克思的《资本论》当作资本主义社会的一般均衡论来
考虑。

————————————

① 宇野弘藏：《宇野弘藏著作集》（全11卷），岩波书店 1973—1974 年版。

在阐释日本资本主义的后发性时，宇野也作出了独特的分析。按其理解，在日本和德国这样的落后国家发展资本主义时，应首先确定它们当时所处世界史的哪个阶段，即是商人资本阶段、还是产业资本阶段、抑或是金融资本阶段，然后再因各自的不同，展开相应的研究。宇野批评当时的讲座派和劳农派都缺少认识这种不同阶段论的问题意识。

宇野的三阶段论的关系是：《资本论》的原理论与日本资本主义论的现状分析之间，有资本主义的世界史的发展阶段论（商人资本阶段、产业资本阶段、金融资本阶段）。即原理论之后，确定资本主义的世界史发展阶段，而后明确各阶段主导的三个资本积累的典型形态和经济政策，并由此确立现状分析的基本视角。比如，17、18世纪的英国就处于商人资本阶段，19世纪60年代英国处于产业资本阶段，19世纪70年代到第一次世界大战期间德国则处于金融资本阶段。而原理论设想的纯粹资本主义历史上并不存在，从世界上看，资本主义从确立到发展再到成熟，与此相应的处于世界史的中心地位的国家中占据支配地位的资本形态本身也发生着变化，即从积累发生来说经历了商人资本、产业资本、金融资本各阶段；从经济政策方面来说，则经历了重商主义、自由主义、帝国主义三个阶段。

具体而言，宇野的"三阶段论"的主要内容如下：

（1）原理论，即"经济学的原理论"。宇野认为，《资本论》有将当时的英国资本主义进行纯粹化分析的倾向，即将周围的非资本主义的各种关系去除掉，将其作为只由资本家、劳动者和土地所有者三大阶级构成的资本主义来分析的倾向，并且是建立在这一倾向之上的理论。因此，需要将《资本论》整体作为纯粹的资本主义理论、即"经济原论"（原理论）进行提炼。

可以说，宇野关于《资本论》具有将英国资本主义进行纯粹化分析倾向的观点源起于马克思《资本论》第1卷第1版序言中的一段论述："物理学家是在自然过程表现得最确实、最少受干扰的地方观察自然过程的，或者，如有可能，是在保证过程以其纯粹形态进行的条件下从事实验的。我要在本书研究的，是资本主义生产方式以及和它相适应的生产关系和交换关系。到现在为止，这种生产方式的典型地点是英国。因此，我在理论阐述上主要用英国作为例证。但是，如果德国读者看到英国工农业工人所处的境况而伪善地耸耸肩膀，或者以德国的情况远不是那样坏而乐观地自我安慰，那我就要大声地对他说：这正是说的阁下的事情！"①

而宇野原理论的形成是经过以下文章的发表逐步形成的，即宇野首先通过河上肇的研究和与栉田民藏的讨论，得到形态论的视角。在《货币的必然性》（1930 年 6 月）中，他也与主流马克思主义经济学对希法亭的货币论的批判不同，主张利用价值形态论的分析。其次，在《资本论大系》（1931 年）的"马克思再生产理论的基本考察"（1932 年 11 月）中，他批判了山田盛太郎的学说，通过再生产图式论，提出了经济原则和经济法则的视角。之后，在《相对剩余价值的概念》（1936 年 11 月）中，从资本主义形态的特质出发定义了资本主义的特殊性。最后，在"资本制社会中恐慌的必然性"（1935 年 2 月）、《货币资本和现实资本》（1937 年 11 月）中关注了资本主义的特殊形态与实体间的矛盾，与恐慌论相连。

宇野通过上述对《资本论》的研究，开拓了与当时一般的相关研究不同的、以"形态和实体"为轴心的经济学新领域。由此视角，战后他又通过《价值论》（1947 年）的展开，经过"关于劳动力成为商品的特殊性"（1948 年 4 月）中的分析，最终形成《经济原论》（上、下）、《恐慌论》②。这些研究都是将《资本论》纯粹化，把纯粹资本主义中的以"形态和实体"为中心的理论体系纯粹化并完成的，但排除了真实的历史性规定。由于围绕这样的宇野学说，学界展开了激烈的论战，之后宇野又整理了新的《经济原论》③。

---

① 马克思：《资本论》第 1 卷，人民出版社 2004 年版，第 8 页。
② 宇野弘蔵：《恐慌論》，岩波書店 1952—1953 年版。
③ 宇野弘蔵：《経済原論》，岩波書店 1964 年版。

（2）阶段论，即"资本主义的世界史的发展阶段论"。宇野认为，现实的资本主义自19世纪后期以来，发生了阻碍其自身纯粹化倾向的变化。因此，需要以经济原论为基础，阐明其产生历史性变化的必然性（阶段论）。在阶段论中，宇野首先说明了英国资本主义确立之前的时期是重商主义阶段，那时是商业资本占据着支配地位，具有商业资本积累的倾向。其次，从19世纪20—30年代起到60年代期间，英国确立的资本主义最具独立运动的特征，这个时期成为自由主义阶段，产业资本成为支配性资本，阶段论阐明了产业资本的积累机制。最后，宇野以后发国家德国为典型模式，比较英国、美国阐释了金融资本的积累机制。这样，在阶段论中，宇野将资本主义的历史发展动向与各国独自的资本主义进行理论化，进而提出对各国资本主义的分析也必须要以这样的阶段论为媒介展开的主张。

阶段论的形成主要表现为以下成果：（1）宇野通过《关于19世纪末德国关税政策讨论的研究》（弗里德里希·李斯特的《经济学》，1934年9月）、《德国社会政策学会的关税论》（1935年5月）、《社会党的关税论》（1936年5月）等文章阐明了经济理论与政策论之间的关系。（2）宇野将关于原理论和历史的规定性的研究加入到经济政策论的授课内容当中，并最终形成《经济政策论》上卷（1936年5月），当时也计划出版下卷，但因被捕而中断。（3）战后，随着方法论的进一步明确，宇野又补充了帝国主义论而将这部分内容更加体系化，出版了《经济政策论》（1954年12月）；随着之后《关于帝国主义论的方法》（《思想》1955年11月）、《经济学中的原理论和阶段论》（《思想》1960年7月）、《经济政策论》（修订版，1971年2月）等成果的相继发表，最终形成了阶段论。

（3）现状分析，即成为经济学研究的终极目标的"现状分析"。宇野认为，分析第一次世界大战后的资本主义时，需要考虑一战后社会主义的建立和影响力扩大的现实，并将其作为一种过渡期来分析。这就是以阶段论为基础的、包括各种经济政策和劳动运动在内展开的全面的现实分析，即所需要的"现状分析"。

宇野关于这部分的著作并不多，从日本资本主义论战时提及，且以战时、战后的日本农业研究为基础，以农业论为中心而展开。此外，在第一次世界大战后研究现代资本主义论的同时也有所涉及。包括：（1）在《资本主义的成立与农村分解的过程》（《中央公论》1935年11月）中，对讲座派和劳农派双方提出批判。战时、战后的日本农业研究构成了《农业问题序论》（1947年11月），接着又在《日本的农业和资本主义》（1948年6月）、《修改地租的研究》（上、下，1957年8月—1958年4月）中有深入研究。（2）与上述研究并行，开展了第一次世界大战后的资本主义问题研究，以《从制糖业看广泛领域经济的研究》（1944年1月）为出发点，在《资本主义的组织化和民主主义》（1946年5月）中论述了20世纪30年代的特质。在《经济政策论》（修订版，1971年2月）中，提到第一次世界大战后的现代资本主义论和"国家垄断资本主义论"等。

上述三个理论就构成了宇野理论的体系，即"三阶段论"，以及各理论提出的过程和主要内容。

2. 其他创新性研究

除了提出"三阶段论"之外，宇野对于马克思经济学研究的创新之处还在于：提出"方法的模仿"说以及对价值论的创新。

"方法的模仿说"：认为古典经济学是伴随着欧洲资本主义经济的发展而发展起来的，并在英国看似资本主义经济处于自律性发展的19世纪完成的。宇野认为，经济学研究的对象本身是向着纯粹的形式和符合历史性方向发展的，在这个过程中是能够从对象本身获取模仿对象的方法的。这被称为"方法的模仿说"。按照这个想法可知，作为原理论的研究对象的纯粹资本主义与德国历史学派的马克斯·韦伯提出的理想型是有本质区别的。

价值论的创新：马克思在《资本论》的开篇，就运用了商品去掉使用价值时就只剩下作为价值实体的劳动，即所谓的"蒸馏法"论证了劳动价值论。对此，宇野认为，由于劳动价值论是第一次、全面地在将劳动力作为商品进行买卖的资本主义社会确立的，所以像马克思那样只从交换关系出发，就直接去解说劳动价值论是错误的。为此，宇野的《经济原论》与《资本论》不同，首先它在解说商品、货币、资本时没有以价值论为前提，而是在之后的"生产论"中才开始论证劳动价值论。并且将出卖劳动力商品的无产者不得不依靠工资买回生活资料作为劳动价值论的论据。

（二）宇野理论的特点

总结宇野理论可以发现，这一理论有如下特点：

（1）宇野理论是宇野弘藏在深入研究马克思的《资本论》、列宁的《帝国主义论》和希法亭的《金融资本论》的基础上，以研究日本资本主义的分析方法为目的创建的理论体系。其中，原理论以马克思的《资本论》为基础，列宁的《帝国主义论》则是阶段论的主要参考书籍。

（2）宇野理论的核心是阶段论，不仅是因为阶段论是整个理论体系中最早提出的理论，而且还是由于阶段论是将原理论与现状分析联系在一起的重要媒介，只有通过阶段论的联系才能够使三个理论构成一个统一的整体，形成一个完整的理论体系。

（3）宇野弘藏将马克思主义经济学作为社会科学进行研究，主张从理论中去除社会主义思想，如原理论只是阐明资本主义的经济规律，不去论证向社会主义过渡的必然性等。由于这一观点与主流派主张的马克思主义经济学与社会主义思想密不可分的观点相对立，一直受到主流派的激烈批评。

（三）宇野学派的形成

宇野的这种从马克思主义经济学中去除社会主义思想，并指出《资本论》的种种问题，试图重构马克思主义经济学理论的态度，遭到很多马克思主义者和马克思主义经济学家的反对。其中有代表性的批判有：围绕价值论的久留间鮫造的批判（《价值形态论与交换过程论》①）和围绕经济学方法论的梅本克己的批判（《社会科学与辩证法》②）。然而，另一方面，以宇野工作的东京大学为中心的这一理论的继承者们也相继涌现出来，形成了被称为宇野学派的学术团体。宇野与其继承者共同完成的研究成果有《资本论研究》③ 等。

宇野学派的主要学者④除了创立者宇野弘藏之外，还有铃木鸿一郎、大岛清、岩田弘、大内力、桥本寿朗、降旗节雄、镰仓孝夫、大内秀明、樱井毅、山口重克、佗美光彦、柴垣和夫、马场宏二、伊藤诚、小幡道昭、Robert Albritton、冈崎荣松、河西胜、青木孝平、拓殖德雄等。

主要著作有：宇野弘藏《经济原论》⑤、《经济政策论改订版》⑥、《价值论》⑦、《恐慌论》⑧，岩田弘《世界资本主义》⑨，樱井毅《生产价格的理论》⑩，大内力《国家垄断资本主义》⑪，降旗节雄《帝国主义论的历史性展开》⑫，山口重克《经济原论讲义》⑬，伊藤诚《资本主义经济的理论》⑭，佗美光彦《世界大恐慌——1929 年恐慌的过程和原因》⑮，Robert Albritton《资本主义发

---

① 久留間鮫造：《価値形態論と交換過程論》，岩波書店 1957 年版。

② 宇野弘藏、梅本克己著，いいだもも編集：《社会科学と弁証法》，こぶし文庫 2006 年版収録。

③ 宇野弘藏編：《資本論研究》（全 5 卷），筑摩書房 1967—1968 年版。

④ 日文维基百科：《宇野経済学》。

⑤ 宇野弘藏：《経済原論》，岩波書店 1950—1952 年版。

⑥ 宇野弘藏：《経済政策論改訂版》，弘文堂 1954 年版。

⑦ 宇野弘藏：《価値論》，河出書房 1947 年版。

⑧ 宇野弘藏：《恐慌論》，岩波書店 1953 年版。

⑨ 岩田弘：《世界資本主義》，未来社 1964 年版。

⑩ 桜井毅：《生産価格の理論》，東京大学出版会 1968 年版。

⑪ 大内力：《国家独占資本主義》，東京大学出版会 1970 年版。

⑫ 降旗節雄：《帝国主義論の歴史的展開》，現代評論社 1972 年版。

⑬ 山口重克：《経済原論講義》，岩波書店 1985 年版。

⑭ 伊藤誠：《資本主義経済の理論》，岩波書店 1989 年版。

⑮ 佗美光彦：《世界大恐慌——1929 年恐慌の過程と原因》，御茶の水書房 1994 年。

展的阶段论——欧美的宇野理论的一个展开》①，SGCIME 编《马克思经济学的现代课题辑》②，青木孝平《共同体主义者、马克思、资本主义批判的方向转换》③ 等。

三 宇野理论的发展

（一）宇野学派对日本资本主义的新"阶段论"认识④

如前所述，宇野二战前确立其理论是基于一战后的世界格局、特别是当时世界出现社会主义国家的现实情况之下提出的，即在阐释日本资本主义的后发性时，主张在分析日本和德国这样的落后国家中发展的资本主义时，应首先确定它们当时所处世界史的不同阶段，并认为资本主义分为商人资本阶段、产业资本阶段、金融资本阶段三个阶段，并批判讲座派和劳农派都缺少认识这种不同阶段论的问题意识。宇野在提出这样的阶段论后，还提出了"过渡论"，即认为一战后世界已不是资本主义阶段，而是走向社会主义的过渡阶段。

对于宇野的阶段论和过渡论，随着战后资本主义快速发展，特别是 70 年代中后期，世界多数社会主义国家的发展陷入停滞后，80 年代开始，包括宇野学派中的学者在内的很多学者提出了质疑。而苏东剧变后，宇野的过渡论更是失去了现实基础。于是，学派中的学者着眼现实，提出了许多不同的观点。如马场宏二、加藤荣一就认为，当代资本主义并不是走向社会主义的过渡期，而是资本主义发展的新阶段。其中马场宏二在 1983 年的"日本资本主义的特

---

① ロバート・アルブリトン：《資本主義発展の階段論——欧米における宇野理論の一展開》，社会評論社 1995 年版/原書 1991 年版。
② SGCIME 編：《マルクス経済学の現代的課題シリーズ》，御茶の水書房 2003 年版。
③ 青木孝平：《コミュニタリアン・マルクス・資本主義批判の方向転換》，社会評論社 2008 年版。
④ 张利军、邓云凌：《战后日本马克思主义学者论资本主义时代问题》，《国外理论动态》2009 年第 8 期。

殊性"一文中认为重商主义、自由主义阶段为资本主义的第一阶
段，由英国主导；帝国主义阶段到 20 世纪中叶为第二阶段，由美
国主导；20 世纪中叶之后为第三阶段，由日本主导。之后，他又
对自己的观点进行了修改，认为资本主义历史经历了三个阶段，即
地理大发现至第一次产业革命完成约 300 年，是产生期；第一次产
业革命至第二次产业革命，是确立期；19 世纪末至 20 世纪末，是
极盛期。而极盛期并不意味着资本主义的衰退和社会主义的来临，
而是资本主义在吸收社会主义的压力后进行社会秩序的调整的结
果。他的这些修正后的观点集中体现在《经济政策论与现代资本主
义》（1989 年）、《现代世界与日本公司主义》（1991 年）、《世界
体制论与阶段论》（1995 年）等文章和《新资本主义论——视角转
换的经济学》[①] 一书中。2005 年，他又在《另一种经济学——批判
与好奇心》[②] 一书中提出新的阶段划分，将重商主义、自由主义和
帝国主义阶段统称为"古典资本主义阶段"，1917 年至 20 世纪 70
年代末称为"普通资本主义阶段"，之后称为"全球化资本主义阶
段"。

　　加藤荣一则把资本主义的发展划分为前期、中期和后期三个阶
段，前期是指重商主义阶段、产业革命到自由主义阶段，中期则指
帝国主义阶段、两次世界大战、战后高速增长期到 20 世纪 70 年
代，后期指 20 世纪 80 年代至今。同时，他认为资本主义的发展构
造是时期划分的标准，而七个因素又决定着资本主义的发展构造，
这七个因素有：产业结构、产业组织、劳资关系、统治结构、国家
作用、社会体系和世界体系。这些因素在每个阶段出现后相互作
用，进而达到长期的动态平衡，从而形成每个阶段的发展结构。各
阶段的发展结构均由萌芽期、形成期、发展期和解体期构成。他还
以中期资本主义阶段为例作出了进一步的阐释，认为帝国主义时期

---

　　① 馬場宏二：《新資本主義論——視角転換の経済学》，名古屋大学出版会 1997 年
版。

　　② 馬場宏二：《もう一つの経済学——批判と好奇心》，御茶の水書房 2005 年版。

是萌芽期，两次世界大战是形成期，战后高速增长阶段为发展期，20 世纪 70 年代的滞涨阶段为解体期。

此外，河村哲二认为，① 二战后的美国自由体系式的资本主义与不列颠自由体系下的资本主义相似，是资本主义发展的另一历史阶段，而 20 世纪 80 年代后全球化的资本主义现象是战后美国自由体系式的资本主义过渡期的特有现象。柴田德太郎② 与此观点相似，认为重商主义、自由主义和帝国主义三阶段并不是资本主义的产生、发展和衰退期，而是不列颠式政治经济体系的产生、发展和衰退期。两次世界大战间的资本主义并不是社会主义的过渡期，而是美国式政治经济体系的过渡期。此外，新田滋提出，以第二次世界大战为界，将之前归结为由重商主义、自由主义和超国家主义构成的 19 世纪的产业资本主义体系，之后是由社会民主主义阶段和新自由主义阶段构成的社会民主主义式的混合经济体系。横川信治则受到制度学派进化论观点的影响，将重商主义、自由主义和帝国主义阶段归结为市场资本主义的生成、发展和崩溃三个进化过程，将第一次世界大战后归结为"管理资本主义"，认为其具有独特进化形态的资本积累结构，20 世纪 70 年代为管理资本主义的衰落和"超国家资本主义"阶段的开始。

总之，继宇野的"过渡论"之后，宇野学派的学者们根据现代资本主义的发展、变化，不断改进、完善着宇野理论中的阶段论认识，从各种角度提出了多种阶段的划分，为准确把握资本主义所处的阶段提供了有价值的参考。

（二）宇野学派对日本资本主义的新"现状分析"

如前所述，日本进入高速发展时期、特别是进入 60 年代以后，马克思主义经济学各学派积极开展对于现状的分析，讲座派内部展

---

① 河村哲二：《パックス·アメリカーナの形成——アメリカ〈戦時経済システム〉の分析》，東洋経済新報社 1995 年版。

② 柴田德太郎：《大恐慌と現代資本主義——進化論的アプローチによる段階論の試み》，東洋経済新報社 1996 年版。

开了从"自立·从属论战"到"日本帝国主义复活论战"以及从
"全面危机论"到"结构改革论战"等多次论战，而劳农派内部也
经历了"结构改革论战"。面对两大学派的论战，宇野认为，二者
对于现代资本主义的把握都存在着不足。为了克服两大学派在这些
观点上的不足，宇野在二战后不久发表的《资本主义的组织化和民
主主义》的文章中，以及二战中的 1944 年出版的著作《从制糖业
看广域经济的研究》中，都试图去把握现代资本主义的特征。在前
者，他从"资本主义的组织化"来把握其特征，后者则是在"世
界农业问题"中去把握。而在 1950 年他发表在《世界经济》第 5
卷第 7 号上的题为《世界经济论的方法和目标》一文中，更是尝试
将二者关联起来去阐释。可以说，"组织化"与"世界农业问题"
都是一战后代表资本主义变化的重要指标，因此宇野才会把握这两
个主要内容去分析现代资本主义的实质。此后，宇野学派的学者们
也围绕这两方面的内容，以宇野理论所特有的研究方式，提出了多
种对现状分析的不同主张，并发展了宇野的观点。其中主要代表人
物的观点包括以下内容：

1. "货币管理制"的国家垄断资本主义论

以大内力①为代表的一部分学者重视"组织化"的特征，以 30
年代成为主流的货币管理体制为其理论基础。他们认为，一战后资
本主义面临社会主义的压力，货币管理体制是资本主义为避免危机
而进行政策调整所采取的必要手段。按照大内力的观点，俄国革命
后，资本主义为了维护其体制，必须要有意识地控制资本主义所固
有的、最大的弱点——经济危机的爆发。而 1929 年的经济危机以
及之后持续的大萧条都迫使资本主义需要尽快破解这一难题，于是
财政政策在现实中的运用成为必要。正是在这样的现状分析下，大
内力等人提出的主要观点是现代资本主义在货币管理体制下，使实

---

① 大内力（おおうち つとむ）（1918 年 6 月 19 日—2009 年 4 月 18 日），日本著名
马克思经济学家，东京大学、信州大学名誉教授，宇野派的主要代表人物，也是劳农派
的重要代表人物大内兵卫（おおうち ひょうえ）（1888 年 8 月 29 日—1980 年 5 月 1 日）
的次子。

大内力（1918—2009）

行财政政策成为可能，并通过实行财政政策不断避免由其基本矛盾引发的危机的爆发，调整其经济发展进程。

这是一种重视 30 年代成为主流的货币管理制度，高度评价货币管理制度下实施财政政策的可能性，并主张以此来避免经济危机的发生的观点。这一主张的背后，是宇野派所特有的"劳动力商品化"理论，即认为在劳动力买卖的过程中引入货币管理，在 A－G 的过程中劳动者得到的货币如果在 G－W 的过程中能够促使其价值减少的话，即如果能够积极引入通货膨胀的话，就可以避免资本的过剩。这种现代资本主义论又被称作"货币管理体制"的国家垄断资本主义论。

2. 重视后发国家问题的现代资本主义论

以宇野的"世界农业问题"为依据的一部分学者更为重视的是，一战后，以战前繁荣殖民地体制为基础的农工分离机制解体，发达国家必将强化农业保护政策的状况。他们更为关注的是，现代资本主义扩展到世界经济过程中，发达工业国与后发农业国之间的经济联系。这些学者以渡边宽和榎本正敏为代表。渡边以两次世界大战之间的"世界农业问题"为基准，想要说明二战后的南北问题。他认为，俄国革命的成功促成了"社会主义劳农同盟"的建立，对此产生危机感的欧洲各国转向对国内农业实施保护，即"农业自给化政策"，这又使得投资于出口农作物的新兴谷物的生产国，如加拿大、澳大利亚、阿根廷等国面临出口市场急速缩小的局面，各国在区域经济中忙于保护本国农业，反而无法进行再生产，进而走向自毁之路。榎本虽实际上是着眼于二战后的南北问题，却主要是从大战期间的世界农业问题论获得的研究方法。二者虽有不同，但都与大内等人的研究不同，主张将后发国家的问题置于现代资本主义研究的核心位置去研究。

3. 强调"汽车工业"的现代资本主义论

降旗节雄将现代资本主义的危机看作是与南北问题一样，或者在此之上的汽车社会引发的问题。由于以往的马克思主义经济学家们几乎都不曾对工业化本身产生过疑问，因此大多具有将资本主义危机从工业中分离出来后进行论证的倾向。而降旗则认为，对于现代资本主义的生产力基础、以汽车生产为代表的具有输送式，即福特式、泰勒式的技术特性应该给予关注。将现代资本主义论的方法的基础视为生产力的高度发展的降旗观点，与结构改革论者具有相同之处。此外，降旗还从公害、人性的丧失、浪费等方面，即通过社会的堕落与汽车的大量生产大量消费联系起来的论述，以明确资本主义因历史的发展确立起来的工业本身所具有的问题。

除上述提到的三种类型外，宇野学派研究现代资本主义的学者还有很多，如有擅长于世界资本主义论理论研究的岩田弘、以景气循环论来说明现代资本主义的伊藤诚、在发达工业国之间的世界经济联系中分析现代资本主义特点的加藤荣一、马场宏二等。

可见，宇野学派从各种不同的视角，对现代资本主义的现状作出分析，不仅延续了宇野的研究，而且积极面对现实问题进行研究，很好地发展了宇野理论的现状分析。

综上所述，确立于二战前、发展于二战后的宇野学派不仅创造性地建立了"三阶段论"为核心内容的宇野理论，形成与传统马克思主义经济学研究不同的理论体系，而且能够结合现实的现代资本主义发展，特别是结合战后日本资本主义高速增长的实际，从多角度去分析问题，并不断对自身的理论予以发展和完善，取得了诸多有价值的研究成果，也因此成为在日本国内外都享有盛誉的一个学派。

第 七 章

发 生 转 换

——调节学派源于市民社会学派

一 市民社会学派的形成

（一）平田清明其人

平田清明（ひらた きよあき）（1922 年 8 月 17 日—1995 年 3

平田清明（1922—1995）

月 1 日），日本经济学家。研究方向是经济史、马克思经济学。京都大学名誉教授、经济学博士。① 平田一生研究涉猎广泛，包括古典经济学的深入研究、对日本的马克思主义问题、社会主义的理念和现实问题、调节学派理论的日本化问题、日本经济的分析、文明论的国际比较、社会运动中的言论以及关于大学改革的发言等方面都有深入的研究。在诸多研究中，平田贯穿始终的是对市民社会论的研究，并借此创立了市民

---

① 日文维基百科：《平田清明》。

社会学派。①

平田出生于东京千代田区，1940 年东京商科大学（现一桥大
学）入学，师从高岛善哉，曾参与学生运动。1943 年加入海军，
1945 年日本战败后退役返回大学，投入到研究和教育生活中。
1950 年起，先后在横滨国立大学经济学部、埼玉大学经济短期大
学部任副教授，1965 年后在名古屋大学经济学部任副教授、教授。
1978 年后任京都大学经济学部教授，并曾担任经济学部部长、大
学院经济学研究科科长，1986 年 3 月退休，同年 4 月出任神奈川大
学经济学部教授。1988 年 9 月成为京都大学名誉教授。1990—
1993 年还曾出任神奈川大学副校长。1993 年 4 月任立命馆大学产
业社会学部客座教授，1994 年 4 月，任鹿儿岛经济大学校长。
1995 年 3 月在鹿儿岛大学医院逝世，享年 72 岁。

平田曾认为战后的日本发展方向应该选择社会主义，但 1955
年、1956 年时，看到日本经济开始出现好的发展势头，他开始承
认资本主义仍然具有活力的同时，感觉到社会主义国家的现状、日
本的革新政党状况存在的问题，认识到历史发生了转变。在此期
间，平田进行了法国古典经济学研究、浪漫主义研究、马克思研
究。平田最初的研究主要是围绕从循环、周转理论去论述社会再生
产的魁奈研究而展开的，出版了《经济科学的创造——"经济表"
与法国革命》② 一书。之后，又分别出版了《市民社会与社会主
义》③、《经济学与历史认识》④，在书中平田指出马克思历史理论的
适用范围只限于西欧，所展现的社会主义就是"个体所有"的
重建。

这里的平田的"个体所有"中的个人与私人不同，"所谓'个

① 平田清明著，平田清明遗稿集编集委员会编集：《平田清明市民社会を生きる——その経験と思想》，晃洋书房 2007 年版。
② 平田清明：《経済科学の創造——〈経済表〉とフランス革命》，岩波书店 1965年版。
③ 平田清明：《市民社会と社会主義》，岩波书店 1969 年版。
④ 平田清明：《経済学と歴史認識》，岩波书店 1971 年版。

人'不只是指一个一个分散着的人"①，"个人是以共同体的起源性存在为前提的。因此，这里的私人的、即排他性的个人在直接的、相互对立的同时，实际上是更加广泛地、更加深入地相互依存着"。②"劳动者将把夺回自己被剥夺的个体性，'重建'自己在最初就拥有的、后来被私人所有所掩盖的'个体所有'当作理所当然的要求去争取。"③

70年代以后，平田曾多次赴法国巴黎大学讲学和开展研

平田清明《市民社会与社会主义》

究，了解了许多法国和欧洲的情况。70年代末，面对资本主义的新变化，平田一方面尝试将全球性信息化和知识产业化的动向引入社会科学中研究，一方面再次确认了日本企业的发展即是共同体的重新调整，最终完成了多年的夙愿《注释"资本"》④一书。这部书完成之后，平田将研究的重点从社会主义的理论史、思想史的研究转向法国、欧洲的现实变革方面，而这些研究成果体现在《市民社会与调节学派》⑤一书中。之后，直到1995年3月在鹿儿岛去世，平田一直致力于泡沫破灭后的日本混乱局面的洞察，以及作为校长推进的大学改革等工作中。

此外，需要提到的是，由市民社会学派转换而来的调节学派的主要代表人物名古屋大学教授山田锐夫、京都大学教授八木纪一郎

---

① 平田清明：《市民社会と社会主義》，第137页。
② 同上书，第136页。
③ 同上书，第144页。
④ 平田清明：《コンメンタール〈資本〉》，日本評論社1980年版。
⑤ 平田清明：《市民社会とレギュラシオン》，岩波書店1993年版。

都是平田在名古屋大学执教时的学生。

平田一生的著述很多，除上述提到的外，还有专著《社会形成的经验与概念》①、《对经济学批判的方法叙说》②、《市民社会思想的古典与现代——卢梭、魁奈、马克思和现代市民社会》③ 等，此外还有合著、共同编著、译著等多部著作。

（二） 平田清明的市民社会理论的形成与转换④

在日本，对于"市民社会"这一概念，早在二战期间就已经由高岛善哉将其作为社会科学的基础概念提起，战后大塚久雄对这一概念曾作出有特色的研究。在经济史方面，内田义彦则将这一概念置于斯密的研究，以及马克思与韦伯之间关系的研究之中予以分析。到 20 世纪 60 年代后期，由于世界社会主义国家出现的诸多问题，否定"社会主义"的风潮盛行。受此影响，平田清明再次提起"市民社会"的概念，并试图重新深入探讨这一问题。平田关于"市民社会论"的研究可以分为几个时期：

1. 60 年代末"市民社会与社会主义"论的时期。这一时期平田的成果体现在 1969 年他的代表作《市民社会与社会主义》一书中。书中探讨了社会主义国家"市民的自由和权利"为什么受到侵害的问题，结论是这些国家是后发型国家，历史上没有经历近代市民社会的发展过程，理论上采取了丢掉市民社会论的基础范畴的"一元的阶级史观"所致。具体而言，平田这个时期的"市民社会与社会主义"论主要由两个方面内容组成：一是将以前的"粗糙的阶级史观"遗漏的市民社会论的"曾失去的基础范畴"重新进行认识。比如对于"所有"这一概念，不再将其作为"阶级的所有"

---

① 平田清明：《社会形成の経験と概念》，岩波書店 1980 年版。
② 平田清明：《経済学批判への方法叙説》，岩波書店 1982 年版。
③ 平田清明：《市民社会思想の古典と現代——ルソー、ケネー、マルクスと現代市民社会》，有斐閣 1996 年版。
④ 芦田文夫：《レギュラシオン・アプローチと〈市民社会論〉——社会主義―市場経済論〈市民社会〉（続）》，《立命館経済学》第 57 巻第 1 号，2009 年。

（生产手段的所有、非所有），而是作为生产、具体而言是作为社会分工来重新认识。而且认为将个体劳动直接视为社会劳动的分工体制与私有劳动不应直接视为社会劳动的分工体制有区别，并将以此为依据划分的共同所有与私人所有当作"所有的本质区别"。同时，他认为被分割开来的个体劳动和私人劳动在另一方面又作为被整合起来的社会集合力量而形成协作，这就构成"生产方式的基本形态"的概念。在这里，平田将处于这种分工和协作之间表现出来的个体与个体的相互的物质的、精神的交集这一范畴称为"交通"。二是通过从"曾失去的基础范畴"到实现"自我转变"，反过来又能导出阶级关系。平田认为，以前的历史唯物论中提到的原始共产制、奴隶制、农奴制、资本主义、社会主义都是不同的，应将《经济学批判纲要》中反映的历史认识的三个阶段论，即"第一阶段：共同体社会；第二阶段：近代市民社会；第三阶段：自由人联合体"置于"贯穿历史的普遍的人类形成过程"或"使阶级关系成立的基础、根基"，并通过各自的"自我转变"形成"第二阶段的所有"。平田因此强调，所谓社会主义就是"重建个体所有"，是"市民社会的继承"。

在书中，平田主张马克思主义应建立在市民社会论的基础上，而且马克思主义的市民社会论需要在"'生产方式'、'交通方式'、'消费方式'以及由它们共同形成的'再生产方式'的新经济学范畴中重构"。此外，他还特别提出基于市民社会的社会主义再建并非通过确立国家所有，而是应该通过重建个人所有（按平田的说法是个体所有）进行的独特主张。

2. 70年代后期是探索"自主管理社会主义论"的时期。70年代，面对日本及世界发达资本主义国家的高速发展，特别是平田在法国看到工人们的自主管理运动，促使他对个体所有的概念作出了重新认识。他认为个体性在个体掌握主导权时作为阶级会相互"联合"，开始强调"联合"一面，并将"个体"的表述改为"社会的个体"，将"重建个体所有"改为"作为重建个体所有的社会所有"。而且对于通过劳动的直接所有、管理的问题，在历史认识的三阶段方面，也提出按照"所有与劳动的同一性"→"它们的分离"→"它们的再融合"的轴线（当作"阶级所有"）展开的再认识。

在这里，虽然平田提出了必须严格区分社会分工与工场内部分工（以资本的力量）之间的区别与联系，但由于他毕竟还是以社会的分工、协作及资本循环理论的视角为基础展开的研究，最终还是以直接生产过程中、在资本统治之下，以精神劳动与肉体劳动的分离、对立为主线的支配、从属的阶层构成的斗争与扬弃的特有分析展开的。遗憾的是，围绕将这一"自主管理社会主义论"理论化的探索在那之后却未能持续下去。

3. 80 年代后期"市民社会"概念的再确定。80 年代末到 90 年代初，随着苏东的解体，社会主义国家的变革，"市民社会论"再次受到关注，平田也从葛兰西的"霸权"概念出发，再次确定"市民社会"的概念，并开始新一轮的"市民社会论"研究。① 这一时期，平田切入现代的现实课题，对于市民社会的变革论及其将如何形成进行了深入的探讨，在葛兰西的"国家＝政治社会＋市民社会"表述的基础上，说明了"政治社会"圈里的"力量和强制的直接支配权力"与"市民社会"圈里的"有知识、有道德的指导及组织化"，即"霸权的间接权力"的区别与联系，并将"霸权"概念理解为专指社会性的协议、妥协、调整。正是出于这样的对于"霸权"概念的理解，平田的观点与调节学派理论的"调整方式"产生了共鸣，或者说在这里发现了调节学派理论的出发点。

事实上，平田在 80 年代中期接触到法国的调节学派理论后，借在法国巴黎讲学和研究的机会，通过与利皮兹、布瓦耶、波卡拉等年轻经济学者们的交流，已经转向调节学派，而且他的弟子们也随他转向调节学派。于是，之前由佐藤三郎、高须贺义博②命名的

---

① 平田清明、山田鋭夫、八木紀一郎編：《現代市民社会の旋回》，昭和堂 1987 年版。

② 高須賀義博：《マルクス経済学の解体と再生》，お茶の水書房 1985 年版，第 1 章。

"市民社会学派"思潮，从此转变成以"调节学派"之名保留下来。

二　山田锐夫为代表的调节学派

（一）山田锐夫对调节学派理论的认识

所谓调节学派理论，是一种20世纪70年代在世界经济的滞胀中首先产生于法国的经济学理论。产生的主要背景是，面对当时欧美爆发的滞胀危机，为了分析危机的原因，找出摆脱危机的出路，学者们首先探讨了战后到70年代被称为"资本主义的黄金时代"的发达国家持续高速增长的问题，形成了各种观点，比如有人说是自由经济的胜利，也有人说是国家垄断资本主义的成功，还有人认为是凯恩斯主义或公权力的介入发挥了作用等。但这些观点基本上都是在"市场"或"政府"（国家）这个框架下进行的讨论。与这些观点不同，调节派理论则是从"团体交涉"、"劳资妥协"等制度着眼，以"福特主义"的成功形式来加以说明的。即认为战后发达国家经济的高速发展是依赖于"大量生产—大量消费"的体制实现的，它是以"接受泰勒主义——提供生产性指数工资"的一种劳资妥协（社会制度）为媒介，作出调节体制的观点。这个时期的资本主义正是通过这样的劳资妥协进行了很好的调整，才实现了持续的高速增长。因此，提出在"市场"和"政府"之后再导入作为决定性因素的"制度"和以此形成的"社会性调节"的视点，并以此来说明战后的高速发展。

传承平田的理论，成为当今日本调节学派重要代表人物的是平田清明的学生山田锐夫。山田曾在自己的文章①中介绍了他认为调节学派理论比传统的国家垄断资本主义理论更胜一筹之处在于：调节学派理论考虑到：（1）在讨论资本主义灭亡之前，看到资本主

---

① 山田鋭夫:《レギュラシオンと市民社会》,《経済科学》第52卷第4号，2005年。

义很强的生命力以及自我调整的能力；（2）在只是将资本主义与
国家关系当作问题研究之前，主张从各种制度层面设立问题，包括
劳资关系、国际关系等；（3）不只是满足于19世纪的资本主义理
论研究，还考虑到站在20世纪后期的"经济发展"事实上的理论
问题研究。这也是促使山田研究调节派理论的主要原因。

山田对调节学派理论有如下的认识，认为这一理论是以市场、
资本主义为前提，思考以怎样的方式去调节的一种思想。在"资本
主义"（市场经济）与"社会"（制度的调节）的框架下，"资本
主义"可以说是"资本的物"，可以用货币、金融、对外性、世
界、变化等用语来表达的活动；而"社会"即"社会的物"，包括
大地、生活、劳动、地域、日常性等用语来表达的活动。这种"资
本的物"（资本原理）和"社会的物"（社会原理）在相互的交错
与关联中运动着。历史是在资本原理与社会原理的对抗和平衡中发
展的。"社会"活动可能处于安定状态，却也容易陷入停滞和墨守
成规，为此人们必将向外部世界和货币寻求帮助，投身于"资本"
的活动中。而资本带来的新鲜与惊奇魅惑着人们，成为人们去改变
社会和世界的原动力。可是"资本"必然会失控，自己却又没有阻
止失控的能力，最终就会导致"社会"的分裂和不稳定。"社会"
崩溃的话，"资本"也会崩溃，这时"社会"就会本能地分析资本
的失控，进而去调节"资本"。如果调节能够顺利进行，"社会"
就会持续稳定并发展，"资本"受控也能够实现增长。否则，"资
本"和"社会"都将陷入危机。于是，现代的所谓资本主义社会
虽然是资本原理覆盖社会全部的社会，却并不意味着消除了社会原
理。可以说是资本原理的作用越强，越要求社会原理的加强。

由此，经济社会要良好地运转，资本原理就必须依赖社会原理
来调节。没有"社会"就没有"资本"，没有"资本"也就没有
"社会"，重要的是通过"社会"来调节"资本"。总之，资本主义
必须有社会性的调节。这就是调节学派的经济社会观。这种思想的
背后是认为作为原理的资本主义（市场经济）中不具备自我调节能
力和使自己稳定的能力，因此，它虽然与认为市场经济中具有自我

均衡能力的新古典派的观点相对立，却也与只强调由于市场的无政府主义而需要废除的马克思主义相对立。在某些方面，与主张修正资本主义的凯恩斯主义相接近，但与凯恩斯所说的"资本主义的政策调节"不同，调节派理论主张的是"资本主义的社会调节"。这就是山田对调节学派理论的基本认识。

（二）随着日本资本主义的变化而转变的调节学派理论

对于在日本的市民社会论与调节学派理论，山田认为有两条问题线：（1）安保——民主主义——市民社会论；（2）高速发展——现代资本主义——调节学派理论。这种划分实际上一定程度上反映出市民社会学派向调节学派转变的原因，即适应日本资本主义发展变化的现实作出的转变。因为前者反映了日本二战后恢复重建时的社会情况，美国占领、日美安保协定的制定以及国内民主主义思潮的涌动，于是产生建立市民社会的要求，之后经市民社会过渡到社会主义社会，这也是平田清明前期的思想。而后者反映了进入高速增长期后，日本资本主义的强劲发展的现实使得市民社会学派作出转变，才转向调节学派理论，即平田后期的转变以及以山田为代表的调节学派的发展。

对于调节学派的理论，山田认识到，由于这一理论产生于法国，主要解释了战后欧美经济高速发展的原因，并不能够完全适用于日本的实际情况。为了使这一理论能够解释战后日本资本主义高速发展的状况，山田与法国的学者们开展了一系列共同研究，取得很多研究成果，如共同编著了《20世纪资本主义》①、《战后日本资本主义》② 等。通过这些研究，山田提出了"企业主义的调节"假说。主要内容有：战后日本直到泡沫期为止，一直实现了高速增长。1973年石油危机虽然一度使日本的经济减速，但在国际上仍

---

① 山田鋭夫ら编著：《20世紀資本主義》，有斐閣1994年版。

② 山田鋭夫、ロベール・ボワイエ（Robert Boyer）编著：《戰後日本資本主義》，藤原書店1999年版。

具有相对较高的增长速度，因此成为了"经济大国"。这期间日本资本主义的积累体制从投资主导型转变为出口主导型，并迅速实现了从"大量生产——大量消费"向"多品种中小量生产——消费"的转换。但日本实现高速增长的调节与欧美的发生并不相同，欧美实行的是"泰勒主义——生产性指数工资"（即限定性职务——工资上升）的福特主义性工资妥协方式，而日本却是"接受职务的无限定性——提供雇用保障"的雇用妥协的方式。而且日本企业并不只是雇用，还做到了雇用的持续和保障，这一点虽然主要适用于大企业的正式员工层，但日本企业却成功地将这种妥协转换为了"为公司献身——努力实现终身雇用"的员工意识，并确实成为战后日本被广泛接受的价值规范，成为一种制度。除了以劳资关系作为焦点外，从企业间的关系（系列交易、企业集团、业界团体）、企业与银行的关系（主办银行、main bank）、企业与政府的关系等方面来看，日本企业都始终将伴随着企业存在的雇用保障视为第一要务。为此，山田将日本的这一特点命名为"企业主义的调节"。

山田认为，企业主义的调节很好地刺激了积累体制，使战后的日本实现了从高速增长到经济大国的发展，但企业主义也与泡沫形成与破灭密切相连，说明"企业主义的调节"有"成功"，也有"失败"。这种模式虽然维持了对劳动者的"雇用"，但却以牺牲他们的"福利"和"生活"为代价，虽然使日本成长为"经济大国"，却也造成日本"生活小国"的社会局面。换句话说，日本作为"资本主义"虽然得到了发展，却难说"市民社会"变得成熟了，甚至可以说战后的日本变成了"非市民社会的资本主义"，虽然这么说有些极端，但是对日本现实出现的问题，一定程度上从这方面加以考虑还是必要的。

山田据此认为，对日本不能说是"福特主义"，而应称为"丰田主义"或"企业主义"或"企业主导型"等。而日本的不同情况也拓展了调节派理论的视野，说明世界上存在着与福特主义不同的发展模式，于是"资本主义的多样性"（比较经济体制）必将成为新的研究领域。

以上就是 60 年代后期至 80 年代末，平田清明创立的市民社会学派初期提出的理论以及转换为调节学派后以山田锐夫为代表的调节学派理论的主要观点。可以看出，该学派的理论主要是随着日本战后资本主义从复苏到高速发展的变化而经历不断变化的。当然，不论是前期的市民社会论，还是后来的调节学派理论，都遭到来自其他学派的质疑与批评，但也促使这一学派在与其他学派的论战中发展自己的特色理论。

这一学派较为突出的特点除了适应日本资本主义的发展而变化外，还有吸收国外的理论用于解说日本的现实的特点，如平田将市民社会论与调节学派理论相结合的尝试，以及山田运用调节学派理论创造性地提出日本特有模式等研究方法，都值得借鉴。

第 八 章

引入数学分析
——闻名世界的数理学派

　　将数学导入马克思主义经济学、运用边际学派的方法进行定量分析，是战后世界马克思主义经济学理论为对抗边际学派不断扩大的影响力而进行的重大革新。而在日本，将数学手段应用于马克思主义经济学的研究是在柴田敬、越村信三郎等人的早期研究之后，主要通过两位数理经济学大师置盐信雄、森岛通夫得以实现的，数理马克思经济学派以此得以在日本、乃至世界学界确立其地位。

一　置盐信雄及其理论

（一）置盐信雄其人①

　　置盐信雄（おきしお のぶお）（1927 年 1 月 2 日—2003 年 11 月 8 日），日本著名经济学家，神户大学名誉教授，经济学博士。研究方向是马克思经济学、理论经济学。

　　置盐出生于神户市兵库区，1950 年毕业于神户经济大学（现神户大学），大学求学期间，师从研究数理经济学的水谷一雄教授，学习的主要是以希克斯的《价值与资本》和凯恩斯的《就业、利息与货币通论》为核心的西方经济学，并不曾参加马克思经济学的

---

　　① 日文维基百科：《置盐信雄》。

授课，《资本论》处于自学程度。毕业后，因病疗养期间，因为在继续研究希克斯和西方经济学的过程中产生疑问，开始对马克思经济学产生兴趣。置盐对自己开始着手以数学的方法研究马克思主义经济学的过程作出了这样的描述："研究的初期学习了希克斯、凯恩斯、哈罗德等人的观点，研究了一般均衡论、宏观理论、动态论，进而对经济现象进行了深入分析，逐渐认识到从构成其基础的社会关系入手的分析是十分必要的，于是开始学习马克思的《资本论》，之后认识到用数学的方法论证《资本论》的各基础命题常常是很有效的。"①

置盐于 1950—1964 年，在神户大学经济学部历任助手、讲师、副教授到教授，1982—1984 年任神户大学经济学部部长，1986 年起兼任神户大学经济经营研究所教授，1990 年退休后担任神户大学名誉教授至 2000 年。此后在大阪经济大学经济学部担任教授，2003 年 11 月因病去世，享年 76 岁。

置盐曾从 1966 年起长期担任经济理论学会干事，还曾于 1977 年起在理论、计量经济学会（现日本经济学会）担任一年会长。晚年曾在《经济学现在在思考什么》② 一书中主张市场社会主义论。置盐一生虽然政治性发言不多，却赞成日本共产党倡导的非核政府，并曾在"谋求非核政府的兵库之会"中担任理事。

置盐一生著述丰富，仅著作据不完全统计就多达 26 种之多。其中代表作有：《积累论》③、《现代经济学》④、《马克思经济学——价值与价格的理论》⑤ 等。

（二）置盐信雄的创新理论

在日本马克思主义经济学研究领域，以置盐为代表的数理马克

---

① 置塩信雄·伊藤誠：《経済理論と現代資本主義：ノート交換による討論》，岩波書店 1987 年版，第 6 页。

② 置塩信雄：《経済学はいま何を考えているか》，大月書店 1993 年版。

③ 置塩信雄：《蓄積論》，筑摩書房 1967 年版，1976 年第 2 版。

④ 置塩信雄：《現代経済学》，筑摩書房 1977 年版。

⑤ 置塩信雄：《マルクス経済学——価値と価格の理論》，筑摩書房 1977 年版。

思经济学派开拓了新的研究方法，成就堪比世界相关研究的最高水平。置盐的成就主要表现在以下几个方面：

首先，在价值与剥削理论的研究方面。

（1）将投下劳动价值（labor embodies value theory）公式化。置盐将投下劳动价值的概念进行了数学公式化，用数学的方式来证明马克思所说的价值决定。置盐的价值方程式是确定生产一个单位的某种商品时所耗费的直接和间接的必要劳动时间的总量，并通过解联立方程式，即可以求得任何商品的价值（投下劳动价值）＝生产该商品时所耗费的直接和间接的必要劳动时间的量。置盐于1954年首次在《关于交换论》[①]一文中提出这种方法，并在题为"Monoply and the Rates of Profit"（1955年）的英文论文中进一步明确了其价值方程式。

（2）提出"马克思的基本定理"。置盐使用上述方程式证明的马克思理论、后来由森岛通夫命名为"马克思的基本定理"（Fundamental Marxian Theorem）的这一定理于1955年首次在世界提出，这一定理提出了剩余劳动的剥削是获取正值利润存在的充分必要条件。

（3）对价值的测定。置盐认为，通过价值方程式运用产业关联表的数据就可以用数量测定价值。置盐在1958年尝试对日本经济作了测定，他的学生们还对包括日本在内的很多国家作了价值测定，并得到结果，从实践中证明了虽然价值和价格在短期内有所背离，但长期来看二者的变动是一致的。

其次，在明确马克思经济学的命题方面。

在这个方面，置盐的成就在于明确了马克思理论所具有的逻辑。对于常年争论的问题，置盐替换掉马克思经济学者之间惯用的数字例子，通过用数学的公式，明确主张的前提，阐明推理的过程，提高了讨论的水准，使很多讨论不只是马克思经济学者能够参

---

① 置塩信雄：《交換論について》，《国民経済雑誌》89（4），神戸大学経済経営学会1954年版，第24—38页。

与，而且非马克思经济学者也能够参与进来。

（1）关于转形问题。对于从投下的劳动价值转变为生产价格的所谓"转形问题"，置盐按照《资本论》提示的步骤，用数学公式反复进行了全面的计算，证明了马克思的推理是正确的，最终归结为生产价格。但是，关于总量一致的二命题在这种情况下确认无法同时成立。与这一结论相关得到的重要见解是：均衡利润率与生产价格只依赖于实际工资和基础部门的生产技术。由于很多经济学家认为非基础部门与均衡利润率的决定也有关系，因此对于置盐的这一结论感到吃惊，置盐与很多马克思主义经济学者之间也就因此展开了激烈的论战。

（2）趋向规律的研究。在用英文发表的题为"A Formal Proof of Marx's Two Theorems"（1972年）的论文中，置盐尝试对马克思关于资本主义经济的景气变动的两个命题作出了证明，一个是关于利润率趋于下降的命题，另一个是关于失业趋于增加的命题。在这里，"formal"一词的意思是马克思由于生产的有机构成提高的前提能够引出上述两个命题。置盐证明了如果新技术的引入可以使生产的有机构成提高的话，利润率必然下降，失业必然增加。在此，不可或缺的前提是：新技术的引入产生有机构成的提高。置盐又进一步研究了从资本家在技术选择上采取行动的观点来验证这个前提是否具有合理性。

（3）提出"置盐定理"。置盐在1961年发表的题为"Technical Change and the Rate of Profit"的论文中，提出了著名的"置盐定理"。这个定理提出在现行价格下，削减成本的技术创新，并没有引起新形成的均衡利润率的下降，从而否定了马克思主义经济学中关于"利润率趋于下降的规律"的主要命题。也因此，引发了世界规模的论战，而这一"置盐定理"也就比前面提到的置盐对于"马克思的基本定理"的证明在世界上更为有名。

（4）明确"置盐定理"与"利润率趋向下降的规律"的关系。需要强调的是，"置盐定理"并非完全否定"利润率趋于下降的规律"。置盐认为，从长期看，"利润率趋于下降的规律"将会由于资本家之间的竞争压力、劳动者的交涉能力等原因而发生。

最后，在凯恩斯理论的批判性研究方面。

置盐对于非马克思经济学也投入了大量的精力，进行了研究，特别是对于凯恩斯和哈罗德的研究尤其深入。

（1）对于凯恩斯经济学与新古典经济学的研究。在著作中，置盐一方面对凯恩斯提出严厉批评，一方面又评价他为新古典经济学的重要批判者，称其为"现代经济学中的腹中之虫"。置盐尤其重视凯恩斯对于市场经济的调节机制的批判方面，以及强调资本主义经济中投资需求的独立性和反复无常的性质方面的观点。置盐对于凯恩斯的理论是批判性地汲取，比如他就将资本家的投资和雇用的决定态度进行公式化的方法积极地运用在自己的理论中。

（2）对于总供给函数的研究。置盐批评了凯恩斯毫不顾忌资本家改变其意愿决定的可能性，认为凯恩斯将大部分研究精力都放在需求方面的问题上，而对于供给方面几乎不曾言及。置盐指出，为应对较低的需求，资本家会限制雇用，并控制其认为不能够获得较高利润率的新投资，对此，凯恩斯的处方只是比如通过政府投资等提高有效需求等政策，显然是不够的，因为，即使需求提高了，资本家却未必增加雇用和投资。置盐研究了凯恩斯认为的由于技术因素而决定的总供给函数，明确这是剥削率的函数，并提出与增加有效需求不同的、引发供给方面变化、促进雇用增加的替代方案。这些关于凯恩斯经济学的批判性研究均收录在1957年出版的置盐与他人合著的《凯恩斯经济学》① 一书中。

（3）提出决定实际工资率的关键因素。对于劳动市场问题，凯恩斯对以往经济学的批评是很有名的。虽然新古典经济学认为工资与雇用量由劳动市场在均衡状况下决定，但是凯恩斯却认为在财富市场是由实际工资率决定的。很多马克思经济学者（同新古典一样）认为劳动市场决定实际工资率。可是，劳动市场决定的是名义工资率，同样名义价格是由财富市场决定的。为了决定实际工资

① 置盐信雄、新野幸次郎：《ケインズ经济学》，三一书房1957年版。

率，两方面［名义工资率和名义价格（物价）］都是必要的。置盐研究了实际工资率，查明资本主义经济的积累过程中，决定实际工资率的最关键因素是资本家的投资需求，即投资需求对整体的财富需求产生影响，财富的需求量影响财富的供给量，财富的供给量影响雇用量和名义工资率。最终由财富市场决定的物价和名义工资率决定实际工资率。

（4）提出哈罗德＝置盐型投资函数。凯恩斯的高徒、后凯恩斯主义者哈罗德将凯恩斯经济学动态化，并完成了经济增长论的模型。这个模型显示了确保经济的自我稳定性的难度，并对假定保证经济增长率（资本的增加率）与导致完全雇用的自然经济增长率（劳动力的增加率）分别作出规定，而非自发地向着均衡发展，认为两者的不均衡引发了经济萧条和通货膨胀。

置盐将哈罗德的不稳定性理论严密化，将一定会引发宏观性不稳定的投资函数"哈罗德＝置盐型投资函数"公式化，主张投资函数的重要性在于明确影响需求、生产、雇用量的主要因素是资本家的投资需求。一直以来的观点认为，资本主义经济的不稳定性在于资本家对投资的主观决定具有私人性、分散性（但是在竞争的压力中倾向于追求利润的方向）。置盐灵活运用"哈罗德＝置盐型投资函数"，不仅研究了各种条件下的经济动态学，而且始终进行着对于投资决定理论本身的研究。

二　数理马克思经济学派

除了置盐对日本数理马克思学派的贡献外，森岛通夫被认为是该学派的另一位重要的代表人物。

（一）森岛通夫其人①
森岛通夫（もりしま みちお）（1923 年 7 月 18 日—2004 年 7

---

① 日文维基百科：《森嶋通夫》。

月 13 日），日本著名经济学家，英国伦敦经济学院（LSE）名誉教
授，大阪大学名誉教授，英国学士院会员。主要研究领域为数理经
济学，主要成就是对瓦尔拉斯、马克思、李嘉图等理论的动态学公
式化。其中最具影响力的研究是对瓦尔拉斯理论的研究，此外，将
马克思理论数理化的成就显著。曾获诺贝尔经济学奖提名。

森岛出生于大阪府，1946 年 9 月毕业于京都帝国大学（现京
都大学）经济学部。曾师从高田保马、青山秀夫学习经济学和社会
学。1948—1951 年先后任京都大学经济学部的助教、讲师、副教
授。1965 年成为国际计量经济学会首位日本人会长，1966 年任大
阪大学社会经济研究所教授，与同事一同开创了该所的黄金时期。
1968 年赴英国担任埃塞克斯（Essex）大学客座教授，1970 年任伦
敦经济学院教授，1989 年退休。之后在日本京都大学和大阪大学
等处兼职多年。如果说置盐信雄是以"马克思的基本定理"走向世
界的话，森岛通夫则是在 70 年代关于转形问题的第二次世界性大
论战中，以拥护马克思理论阵营的代表身份，与反对马克思理论阵
营的代表萨缪尔森之间展开的论战而闻名世界的。

森岛的著述很多，且多以英文发表、出版，其中尤以《马克思
的经济学》① 和《价值、剥削和增长》② 具有代表性。除了经济学
方面的研究，森岛还出版了诸如《英国与日本》③、《为什么日本
"成功"了》④ 等日本社会论，以及《按自己的方式思考》⑤、《撒

① Morishima M. *Marx's economics: a dual theory of value and growth*, Cambridge University Press, 1973. 日文版：森嶋通夫：《マルクスの経済学——価値と成長の二重の理論》，高須賀義博訳，東洋経済新報社 1974 年版。

② Morishima M. *Value, exploitation and growth: Marx in the light of modern economic theory*, with George Catephores, Mc Graw-Hill, 1978. 日文版：森嶋通夫：《価値・搾取・成長——現代の経済理論からみたマルクス》，高須賀義博・池尾和人訳，創文社 1980 年版。

③ 森嶋通夫：《イギリスと日本——その教育と経済》，岩波書店 1977 年版。

④ Morishima M. *Why has Japan succeeded: western technology and the Japanese ethos*, Cambridge University Press, 1982. 日文版：森嶋通夫：《なぜ日本は〈成功〉したか？——先進技術と日本的心情》，TBSブリタニカ、1984 年版。

⑤ 森嶋通夫：《自分流に考える——新・新軍備計画論》，文藝春秋 1981 年版。

切尔时代的英国》① 等政策评论方面的成果，涉猎范围非常广泛。森岛的研究成果集中收录在《森岛通夫著作集》② 中。2004 年 7 月13 日森岛在英国去世，享年 80 岁。

在马克思理论研究方面，森岛是一个很具争议性的人物。虽然他曾站在马克思主义经济学的立场，参与了转形问题的世界论战，也在马克思的基本定理、转形模型和马克思的经济增长模型等马克思理论的数理化方面作出了突出的贡献，但由于他的一些成果最终走向了马克思理论的反面，不能做到首尾一致，因此日本的很多学者并不认为他是马克思经济学者。

（二）对数理学派的评价

不论是从 20 世纪 30 年代的柴田敬开始，将一般均衡体系引入马克思经济学的研究，越村信三郎提出的数学方法同样适用于以客观、物质、可计量的劳动价值论为基础的马克思经济学的早期研究，还是置盐信雄提出马克思的基本定理、森岛通夫参与的世界转形问题论战等后来的创造性发展，日本数理马克思经济学派在反击西方经济学对马克思经济学的批判，以及通过运用西方经济学所特有的数学分析的方法论证马克思经济学理论等方面的努力，对于马克思经济学的发展都起到了积极的推动作用。正如英国的泰萨·莫里斯—铃木教授所说的："越村信三郎、置盐信雄这些经济学家的独特贡献就在于证明了新古典派发展的数学方法也可以用来使马克思理论的正确性更明快、更尖锐。"③ 而"森岛的数学方法不仅适用于新古典派理论，也适用于马克思主义理论"，"他同置盐和越村一样，证明马克思主义经济学的内在逻辑已严密到完全可以用高

---

① 森嶋通夫：《サッチャー時代のイギリス——その政治、経済、教育》，岩波書店 1988 年版。

② 森嶋通夫：《森嶋通夫著作集》，岩波書店 2003—2005 年版。

③ 泰萨·莫里斯—铃木：《日本经济思想史》，厉江译，商务印书馆 2000 年版，第129 页。

等数学来重新论述的地步"。①

　　虽然这一时期的日本数理马克思经济学派的研究尚有不完善之处，但该学派的建立和创新在打破日本马克思经济学研究所特有的封闭传统，建立起与西方主流经济学的对话以及将日本马克思经济学研究引向世界等方面都作出了重大的贡献。

---

① 泰萨·莫里斯—铃木：《日本经济思想史》，厉江译，商务印书馆 2000 年版，第 209 页。

第 三 部

新时期各学派在合作中直面挑战

第 九 章

陷入低迷后的日本资本主义

（1990 年至今）

一 90 年代以后的日本国内外环境的巨变

（一） 苏东解体后世界格局的变化

随着 1989 年 8 月波兰诞生了东欧第一个非共产党政权后，苏东社会主义国家相继崩溃，1989 年 11 月柏林墙倒塌，1990 年 1 月东西德国统一，1991 年 12 月苏联解体等一系列事件的相继发生，战后持续近半个世纪的冷战局面宣告结束，美国由此成为世界上唯一的军事、政治的霸权国家。虽然如此，美国国内却依然面临着产业衰退、财政赤字和贸易收入赤字、经常收支赤字庞大以及世界最大的债务国等艰难状况，为了推进已解体的原苏东社会主义国家的市场经济化、资本主义化进程，加强对世界经济的支配权，迅速重振美国国内经济、巩固其经济的优越性的要求日益紧迫。为此，1992 年当选后的克林顿总统提出强有力的"经济计划"，即以"信息通讯革命"为基础，实现美国持续的经济增长和重筑技术优势地位的计划。得益于克林顿政权的一系列政策的推进，美国经济开始复苏，1993—1999 年，实现了经济的持续增长，虽然实际 GDP 的增长率在 1993 年以后只有 2.3%—3.9%，并非高增长率，但这次经济增长的特征是保持了较长时期的持续增长。①

---

① 井村喜代子：《現代日本経済論》，第 432 页。

虽然 90 年代美国实现了经济的持续增长，但在 80 年代由美国主导形成的巨大国际性投机金融交易在这个时期也进一步扩大，随着世界金融市场的投机性、不稳定性的不断增强，金融危机在世界各地相继爆发。美国股市也由于国内外投机资金的涌入，股价出现持续高位的异常情况，这不仅直接威胁着美国艰难建立起来的持续经济增长局面，而且对世界经济、特别是与美国经济关联度极高的日本经济都可能带来巨大的冲击。由此，自 70 年代黄金与美元脱钩、战后 IMF 体系（国际货币基金组织）崩溃以及世界性持续增长中断后，由于一直未能构筑起世界的新秩序，美国主导的世界资本主义出现很多新问题、新矛盾。与此同时，发展中国家、新兴工业国，特别是东亚各国的经济虽然得到了快速发展，但也一度受到如 1997 年的经济危机的冲击。因此，可以说美国主导的推进原苏东等社会主义国家实行的市场经济化、资本主义化的进程并不顺利，俄罗斯经济一度出现危机，国内民族矛盾激化，甚至出现武力对抗等严重局面等等，都使得美国无法如其所愿地顺利推进全球市场经济化。另一方面，欧洲虽然在 1999 年 1 月实现了欧元的统一以及欧盟的建立，但因内部存在各种矛盾，以及在技术、经济层面的发展程度的不一致，同样需要时间适应与调整。可见，冷战结束后，欧美发达资本主义国家在推进全球化的同时，面临着诸多问题和困境。

（二）日本泡沫经济崩溃后出现的问题

与其他欧美发达资本主义国家相比，日本的变化有所不同。90 年代以后成为日本"失去的二十年"[①]（现已经超出），日本从1990 年起经济开始出现不景气局面，1991 年 4 月，随着股市和不动产价格的突然暴跌，日本泡沫经济崩溃，平成景气就此宣告结束，日本进入长期萧条、调整时期。这种状况从 90 年代一直持续到 21 世纪初，因此被称作"失去的十年"，之后由于美国次贷危机

___
① 日文维基百科：《失われた20 年》。

引发世界金融危机,日本经济再次受到打击,越发难以恢复,进而再被称为"失去的二十年"。

具体而言,泡沫经济的后期,由于实体经济与资产价格出现巨大差异,对日本的经济产生负面影响,政府开始采取一系列举措以图改善。然而,随着 1989 年 4 月 1 日的一般消费税的全面导入,以及日本银行过快采取的金融紧缩方针,再加上以总量限制为开端的信用紧缩等政策,都对经济活动产生很大的影响。在股市,日经平均股价 1989 年 12 月 29 日创下最高的 38915 日元之后,转而直线下跌,1990 年 10 月 1 日即跌至 20221 日元,1992 年 8 月 18 日跌至 14309 日元,不到两年的时间,股票市场的总市值蒸发了 430 万亿日元,而 1992 年日本的 GDP 才 450 万亿日元,股市泡沫彻底崩溃。之后虽稍有回升,但 1997 年的亚洲金融危机爆发后,导致日本股市再次下跌,到 2003 年 4 月 28 日已跌至 7608 日元,股市危机程度不言而喻。而不动产的泡沫崩溃是从 1992 年开始的,从 1992 年到 1998 年期间,日本六大城市圈不动产业价格暴跌了 40%—50%。据估算,在股市、地价暴跌的资产价格缩水过程中,约有 1000 万亿日元被"蒸发"掉。[1]

股市和不动产泡沫的崩溃又引发企业的倒闭、金融机构的破产等连锁反应,导致整个 90 年代日本经济的发展不仅低于世界的平均增长速度,即使在发达国家中的表现也几乎是最差的。仅就 1991—2002 年的 11 年间,日本的失业率由 2.1% 上升至 5.4%,创下了战后的最高记录。物价连年下降,降幅达到 14 个百分点,[2] 出现严重的通货紧缩状况。个人消费日趋呈现谨慎态势,除个别年份外,多数年度都为负增长。

正当日本经济全面陷入危机,急需政府全力挽救之际,日本之前的"五五年体制"也崩溃了。随着自民党的分裂,非自民党的联合政权的诞生,以及之后的自民党与其他政党联合政权的出现,民

① 杨栋梁:《日本近现代经济史》,第 419—420 页。
② 同上书,第 432 页。

主党取代自民党的长期执政地位，再到"十年九相"的首相的频繁更迭等政坛动荡，都使得稳定、有效的经济复苏对策始终无法确立，更难以得到顺利地实施。1993 年陷入谷底的日本经济一度曾因政策的刺激有所恢复，但很快由于政府急于财政重建，为确保税收、加上阪神大地震重建的需要，1997 年桥本龙太郎政权不顾民众的反对，再次提高消费税，这一做法直接导致日本国内消费的迅速萎缩，而同年的亚洲金融危机，以及国内为处理不良债权问题进行的调整，再次导致金融机构的大量倒闭，经济形势进一步恶化。

此后，随着网络泡沫的产生及崩溃引发的经济波动，以及在 21 世纪初期小泉结构改革的推进下，再加上中国经济的快速发展的带动，使得日本经济曾有过一段缓慢的恢复期。小泉政权时期，银行的不良债权的处理基本完成，大企业的业绩得以改善，经济增长率维持在 2% 左右，日经平均股价也有所上升。然而，由于长期推行零利率政策，日经平均股价不曾超过 20000 日元，最高时的 2006 年也只有 17225 日元 83 钱，而这个数值比 90 年代的平均值还低。日本经济依旧呈现出复苏乏力的态势。

二 2008 年全球金融危机爆发对日本的影响

（一）全球危机对日本经济的影响

2008 年，随着美国次贷危机的蔓延，世界经济同时陷入危机，特别是欧美等发达资本主义国家的经济状况急速恶化。日本 GDP 也出现负增长。之后，随着雷曼倒闭、希腊危机的出现，美元、欧元急速贬值，引发日元的相对快速升值。而日本政府和日本银行的应对迟缓，没能及时抑制日元的升值，加上原油价格的上涨，直接导致日本出口的减少和日本企业的海外流出。受这种经济状况恶化的影响，日本与美国一样，出现中产阶层的贫困化现象。2010 年日本的家庭收入跌至 1987 年的水平。2011 年，日本东北部的大地震、福岛第一核电站事故、美国国债冲击等事件的相继爆发，使得日本经济再遭打击，出现股价下跌、日元升值的状况。

(二) 全球危机对日本社会的影响

由于长时期国内经济复苏的乏力,加上世界经济危机的蔓延,日本社会的悲观情绪日益加深,已经有人提出日本将可能出现"失去的 30 年",而有人甚至认为这已经成为事实。特别是日本经济团体联合会的研究机构"21 世纪政策研究所"在 2012 年 4 月甚至作出更加大胆的预测:"如果'失去的 20 年'状况持续下去的话,韩国的经济增长率将在 2030 年超过日本,日本将不再是发达国家。"[①] 而 2011 年,由于欧洲金融不稳定又导致日本的股价暴跌,很多主要股票的股价甚至跌至 30 年前的水平,股价相关人士也有人将这种状况称为"失去的 30 年"。

在日本社会弥漫着日益严重的悲观情绪之际,日本右翼势力得以迅速抬头。右翼势力为获得国内民众的支持,转移国内矛盾,不断推动对亚洲周边国家采取强硬政策,导致 2012 年相继出现日本与中国、俄罗斯、韩国的岛屿纷争。这一局面一方面不断引发国内民族主义情绪高涨,另一方面导致与三个主要邻国的关系日趋紧张,外部环境遭到严重破坏。

在理论界,全球金融危机爆发后,美国和欧洲等主要发达国家先后步日本后尘,陷入一种看不到未来经济萧条的状况,有人将之称为"日本化"。由于发达国家的经济萧条无法再用经济周期理论来解释,于是分析现代资本主义特点、研究这次危机的原因以及今后发展趋势的理论相继产生,比如有学者提出人口与环境等制约经济增长的因素导致全球经济陷入结构性停滞,也有学者提出 20 世纪引发经济增长的原动力——技术创新已经结束,即便是美国今后也将无法期待较为高速的经济增长,等等。马克思主义理论也再次受到全世界的关注,运用马克思主义经济学理论分析危机也成为热潮。

在这种国内外经济、社会状况下,日本马克思主义经济学者们展开了新时期的研究。

---

① 日本《读卖新闻》2012 年 4 月 16 日。

第 十 章
学派中兴的曙光

20世纪80年代末90年代初，受到苏东剧变的深刻影响，与世界很多国家的状况一样，日本的马克思主义经济学研究也一度陷入低谷，一些学者甚至改变了自己的研究方向。然而到了90年代中期，更多的学者却是在反思中重新振作起来，伊藤诚的《市场经济与社会主义》① 和伊藤诚、野口真、横川信治等人编著的《马克思的反攻：政治经济学的复活》② 等马克思主义经济学著作的出版，标志着日本马克思主义经济学研究结束了彷徨期，不仅重新振作起来，而且在经过深刻的反思后出现了一些新的变化。

一 马克思主义经济学研究的新变化

（一）马克思手稿的整理出版再现热潮

整理、翻译、出版马克思主义经济学经典著作一直是日本学界长久保持的传统，很多出版社都曾经出版过大量的相关著作，其中著名的有大月书店、新潮社、新日本出版社等。90年代以后，延续之前的研究，日本翻译、出版了《马克思恩格斯全集》③（共53

---

① 伊藤誠：《市場経済と社会主義——これからの世界》，平凡社1995年版。
② 伊藤誠ら編：《マルクスの逆襲——政治経済学の復活》，日本評論社1996年版。
③ 《マルクスエングルス全集》（全53册），大月書店1959—1991年版。

册）、《马克思资本论草稿集》（全9册）①，以及将现已绝版的旧版本全集进行技术处理后，出版了 CD – ROM 版《马克思恩格斯全集》②，还将在莫斯科和阿姆斯特丹保存的马克思、恩格斯手稿以影印版的方式出版了《（马克思手稿复制版 facsimile）经济学批判导言》③ 等，为马克思主义经济学研究保留了丰富的原始资料。特别值得一提的是，1997 年 11 月，在国际马克思、恩格斯财团阿姆斯特丹理事会（IMES）的帮助下，日本即 MEGA（Marx Engels Gesammte Ausgabe）编辑委员会成立，极大地推动了日本马克思手稿的整理、出版工作。大谷祯之介、大村泉分别担任了新 MEGA 中不同卷次的研究小组的负责人。这些工作还很好地补充了马克思经典著作中的不足，比如日本 1997 年底出版发行的《资本论》第 2、3卷中，就包含了新 MEGA 中的内容，并在译注中收录了与 IISG（社会史国际研究所·阿姆斯特丹）一起调查得到的草稿以及与恩格斯版本的数百个异同点。此外，涉谷正编译的《草稿完全复原版德国·意识形态（序言、第 1 卷第 1 章）》④ 不仅以 IISG 珍藏的原始手稿为底本进行编译，而且还对过去的各种版本的手稿进行了解读，十分有价值。

（二）马克思主义经济学的相关著述丰富多样⑤

90 年代以后，关于马克思主义经济学的著作也日益增多，凸显了日本马克思主义经济学研究的再现活跃局面，而著述所涉及的内容也非常丰富。既有从总体上研究马克思主义经济学的著作，如松石胜彦的《马克思经济学》⑥ 第 2 次印刷、小岛仁的《21 世纪的

---

① 《マルクス資本論草稿集》（全9册），大月书店 1978—1994 年版。
② 《マルクスエングルス全集》，大月书店 1996 年版。
③ 《マルクス自筆原稿ファクシミリ（facsimile）版経済学批判要綱》，大月书店 1997 年版。
④ 涉谷正编订：《草稿完全復元版ドイツ・イデオロギ（序文・第 1 卷第 1 章）》，新日本出版社 1998 年版。
⑤ 张忠任：《马克思主义经济思想史——日本卷》，第 198—199 页。
⑥ 松石胜彦：《マルクス経済学》，青木书店 1995 年版。

马克思经济学》①；也有就个别理论、问题进行研究的论著，如与价值论相关的有：大石雄尔的《商品的价值和价格》②、平石修的《价值和生产价格》③、神田敏英的《价值和生产价格——劳动价值说的新概念和定式》④、和田丰的《价值的理论》⑤ 等。与转形问题相关的有：藤田晋吾的《斯拉法的沉默——转形问题论战史论》⑥ 等。此外，学者也发表了大量相关内容的研究论文，如和田丰的《欧美转化问题论战的现在局面——以 1990 年代的研究为中心》⑦、头川博的《价值形成与剩余劳动——"剥削的数学的证明"的探讨》⑧、吉原直毅的《马克思派剥削理论再检证：70 年代转形论战的轨迹》⑨、松尾匡《吉原直毅的关于"马克思的基本定理"批判》⑩ 等。

（三）现实问题研究更趋多元化

90 年代之后的日本马克思主义经济学研究具有更加务实、贴近现实分析的特点。不仅对全球化、生态环境、社会福利、贫困等多方面的现实问题给予广泛的关注和深入的研究，而且也愈发能够尝试吸收其他学科的研究成果，如对于生态学、应用经济学等现代新兴学科的内容的吸收，使得马克思主义经济学在阐释、分析现实

---

① 小岛仁：《21 世紀のマルクス経済学》，創成社 2001 年版。

② 大石雄尔：《商品の価値と価格》，創風社 1995 年版。

③ 平石修：《価値と生産価格》，秋桜社 1996 年版。

④ 神田敏英：《価値と生産価格——労働価値説の新たな概念と定式》，お茶の水書房 2002 年版。

⑤ 和田豊：《価値の理論》，桜井書店 2003 年版。

⑥ 藤田晋吾：《スラッファの沈黙——転形問題論争史論》，東海大学出版会 2002 年版。

⑦ 和田豊：《欧米における転化問題論争の現局面——1990 年代の研究を中心に》，《岡山大学経済学会雑誌》1999 年 30（3）。

⑧ 頭川博：《価値形成と剰余労働——〈搾取の数学的証明〉の検討》，《一橋論叢》1990 年 104（6）。

⑨ 吉原直毅：《マルクス派搾取理論再検証：70 年代転化論争の 結》，《経済研究》（一橋大学）2001 年 52（3）。

⑩ 松尾匡：《吉原直毅氏による〈マルクスの基本定理〉批判》，《季刊経済理論》2004 年 41（1）。

问题时更具说服力。如栗山浩一的《公共事业与环境的价值》①、五味久寿的《全球资本主义和亚洲资本主义——中国·亚洲资本主义的抬头与世界资本主义的再编》②、大西广的《从全球化到军事帝国主义》③ 以及马克思主义经济学与现代课题研究会（SGCIME）的《马克思经济学的现代课题》④ 丛书，共分为 2 集 9 卷计 10 册等诸多研究都涉及十分广泛的内容。

此外，全球金融危机爆发后，学者们又迅速地以马克思主义经济学理论对这场危机作出了深入的剖析，出版了诸多著作，如伊藤诚的《从次贷危机到世界恐慌——新自由主义的终结及今后的世界》⑤、鹤田满彦的《全球资本主义与日本经济》⑥、井村喜代子的《世界金融危机的构图》⑦、毛利良一的《美国金融霸权终结的开始——全球经济危机的检证》⑧ 等。

可以看出，90 年代之后的日本马克思主义经济学研究不论是对马克思经典著作的整理方面，还是对马克思主义经济学的进一步研究方面，抑或是以马克思主义经济学理论分析现实问题方面都取得了诸多成就，显示出日本马克思主义经济学研究在经历低迷之后的重新振作的新局面。

---

① 栗山浩一:《公共事業と環境の価値——CVMガイドブック》，築地書館 1997 年版。

② 五味久寿:《グローバルキャピタリズムとアジア資本主義——中国・アジア資本主義の台頭と世界資本主義の再編》，批評社 1999 年版。

③ 大西広:《グローバリゼーションから軍事的帝国主義へ——アメリカの衰退と資本主義世界のゆくえ》，大月書店 2003 年版。

④ 马克思主义经济学与现代课题研究会（SGCIME）:《マルクス経済学の現代的課題》，お茶の水書房 2003 年版。

⑤ 伊藤诚:《サブプライムから世界恐慌へ——新自由主義の終焉とこれからの世界》，青土社 2009 年版。

⑥ 鹤田满彦:《グローバル資本主義と日本経済》，桜井書店 2009 年版。

⑦ 井村喜代子:《世界的金融危機の構図》，勁草書房 2010 年版。

⑧ 毛利良一:《アメリカ金融覇権終わりの始まり——グローバル経済危機の検証》，新日本出版社 2010 年版。

二 各学派直面挑战

虽然新时期世界资本主义出现诸多问题，特别是全球金融危机的爆发及蔓延，使得包括日本在内的全球马克思主义的研究再现热潮，资本主义社会暴露出来的各种现实问题，也为马克思主义经济学的研究提供了丰富的现实素材，使得日本马克思主义经济学能够重现曙光。然而，也应该看到，新时期日本马克思主义经济学界还存在着诸多问题，面临诸多困难，只有通过各学派、众学者的共同努力，才能够真正实现马克思主义研究的复兴，日本学界正直面挑战，着手应对。

（一）各主要学派的现状

现在日本马克思主义经济学最大的学派就是正统派，即与日本共产党关系紧密、沿承了讲座派的学派，这一学派依然保持着人数最多、研究领域涉猎最广、影响力最大的特点。其代表性杂志是由新日本出版社出版的《经济》，代表性学会是现有 985 名会员（2011 年）的政治经济学·经济史学会（1948 年成立的土地制度史学会，第一代会长是山田盛太郎，2002 年起更名）和现有会员约 879 人（2012 年 7 月）的经济理论学会（1959 年成立），后者也是包括宇野派在内的日本最具代表性的马克思主义经济学者的学会。此外，还有专门研究货币、金融方向的信用理论研究学会以及其他研究者团体。比如，马克思·恩格斯研究者之会（学会刊物《马克思·恩格斯·马克思主义》）、基础经济科学研究所（学会刊物《经济科学通讯》）、垄断研究会、后冷战研究会，等等。这一学派自 1995 年以后，特别是近年的金融危机爆发以来，学者们的研究再次活跃起来，以北原勇、井村喜代子为代表的正统派学者们对现代资本主义的变化、危机产生的原因等问题都作出了深入而独到的分析。

继承劳农派的马克思主义经济学（日本社会党派＝社会主义协

会）在经历了 1989 年总评（日本劳动组合总评议会）解散、1991
年苏联解体、1996 年社会党解体等巨大打击之后，失去了往日的
光彩。作为其基础的社会主义协会也分裂为两派，现在两派都已停
止使用马克思列宁主义这样的用语，活动也基本处于停滞状态。其
中的一方，继承了以前的代表性杂志《社会主义》的立场。以前社
会主义协会还出版过《唯物史观》①，现在也停办了，而包括向坂
逸郎、高桥正雄、川口武彦、小岛恒久等主要代表人物在内的、以
九州大学为中心活动的劳农派马克思主义经济学者们也大多退休、
离世，都使得劳农派马克思主义经济学现今的影响力大大减弱。

宇野弘藏及其学生们建立的宇野派马克思经济学现在依然以东
京大学为基地，以东大派的政治经济学的名义保持着其影响力。特
别是该学派以伊藤诚等知名学者为代表，不仅在沿用宇野派的理论
积极分析现实问题、深入开展研究方面取得诸多研究成果，而且在
努力促进国内各学派进行共同研究、与国外学界交流等方面，也取
得很好的效果，使学派在国内外都保持着较高的声誉。

以市民社会派为开端，后来转向调节学派的日本调节派马克思
经济学研究，近年也因为有山田锐夫、八木纪一郎等代表人物的存
在，不断发表新的研究成果。如 2011 年该学派的主要学者宇仁宏
幸、山田锐夫、矶谷明德、植村博恭四人共同出版了《金融危机的
调节学派理论——日本经济的课题》② 一书，书中运用调节学派理
论阐释了日本经济的特点以及所面临的问题。此外，在新时期，调
节派还积极参与到各学派的共同研究中，以山田锐夫为代表的调节
派与正统派、宇野派一同发表研究成果，探讨现实问题。可见，该
学派也依然保持着自身在学界的存在感和一定的影响力。

最后是数理马克思经济学派。这一学派在置盐信雄在世时，影
响力尚存，特别是在经济理论学会中有较强的影响力，而且善于同

① 社会主義協会编：《唯物史观》，河出書房 1947—1948 年版，1965—1990 年版。
② 宇仁宏幸：《金融危機のレギュラシオン理論——日本経済の課題》，昭和堂
2011 年版。

其他学派展开交流，比如 1987 年置盐与宇野派的伊藤诚曾共同著有《经济理论与现代资本主义：交换笔记引发的讨论》① 一书，在这本书中，置盐和伊藤选择了经济学的课题、工资与物价、投资的作用、市场机构的作用、恐慌·景气循环、技术革新、国家的性质、国际方面、社会主义共九个主题，分别从数理派马克思经济学的立场和宇野派马克思经济学的立场出发进行了解说和探讨，产生很大的影响。但在 2003 年置盐信雄离世后，由于难以出现超越学派进行研究的学者，这一学派已明显势微，影响力也大不如前，而如何继承学派的优秀遗产，持续发展下去，值得关注。

（二）各主要学派直面挑战

从上述各主要学派的现状不难看出，日本马克思主义经济学如今依然面临着生存与发展的困境，究其原因，笔者认为可以从以下三个方面予以说明。

第一，从外部环境的变化上看，日本马克思主义经济学自诞生之日起就一直受到来自统治阶层的打压，并无良好的生存和发展的外部环境。而战后，一方面是日本经济的高速发展，另一方面是冷战开始的 20 世纪 50 年代以后，日本的政治权力和经济权力急速转向保守化（即作为资本主义国家，开始复兴、恢复之路），围绕残存的文化权力的意识形态斗争也在冷战中激烈展开，日本共产党的影响力受到很大的削弱。在这样的经济、社会大背景之下，普通民众对马克思主义理论的理解、支持受到生存环境改善以及统治阶层误导的影响而大为减弱，现在的大多数日本人甚至是站在反对马克思主义的立场上的。加上 20 世纪 90 年代苏东发生剧变，社会主义国家发展遭受重创的国际环境的影响，都使得马克思主义经济学各学派遭受重创。此外，随着一大批信仰坚定、研究深入的老一辈马克思主义学者的高龄化、退休、离世等状况的加剧，也使得马克思

---

① 置塩信雄、伊藤誠：《経済理論と現代資本主義：ノート交換による討論》，岩波書店 1987 年版。

主义经济学的研究、传承陷入困境，导致各学派影响力减弱。

　　第二，从研究者的态度变化上看，日本马克思主义者在经受各种打压、迫害的严酷形势下，以及社会发展的变革中，为求生存与适应、发展，逐渐出现体制化倾向，即向着适应现行体制的方向转变。比如各学派不再明确提起马克思列宁主义，而以"马克思经济学"的表述替代了"马克思主义经济学"的表述等做法，也会导致人们对于马克思主义理论的误解和疏离。此外，多数马克思主义研究者信仰的弱化，以及马克思主义理论研究的职业化也是使得各学派陷入困境的一个重要原因。现在日本大学中虽然还设有政治（马克思主义）经济学的课程，但很多教授课程的学者与以前的学者相比，缺少了坚定的信仰，更多地将其视为获取生活来源的一份职业，他们不必成为马克思主义者，满足于在大学教授马克思经济学课程以获取工资生活。这样的状况使得马克思主义经济学的研究日益与现实相脱离，形式化、教条化的出现也就不可避免，而这种局面长时间持续下去的话，马克思主义经济学恐将面临从大学中被排挤出去、逐渐消失的危险。

　　第三，从研究的对外交流上看，日本马克思主义经济学的研究还存在着过于封闭、对外交流较少的问题。首先，学界之间的交流少。现在的日本马克思主义经济学界，内部虽然存在着诸多的学派，也能够就各种问题展开讨论，甚至论战，但能够与西方经济学各流派展开交流、讨论，直至进行批判的研究却非常少，这样的状况使得马克思主义经济学很难做到在批判西方经济学的基础上确立自身的地位，使自己的研究更具说服力，也就难以形成更大的影响力。其次，在与国外马克思主义经济学界的交流方面，虽也有一定的交流，但总体上看还很不活跃。这一方面与马克思主义理论在国内长期受到打压，研究者难以获得资助出国留学、研修有一定的关系，因为这直接导致与西方经济学的研究者相比，马克思主义经济学的研究者的外语掌握程度相对较差，成为与国外交流的较大障碍。另一方面，与日本学者多数满足于自身较高水准的研究，没有与国外学者广泛、深入地展开交流的愿望有关。这些情况都导致日本马克思主义经济学研究的生存环境受到制约，特别是在全球化日益发展的今天，跨学界研究、对外交流日益成为迫切需要，如果不能改变较为封闭的状况，日本的马克思主义经济学研究难以摆脱困境。

面对上述现状，近年来日本马克思主义经济学界已经开始着手改变这一局面。一方面，出版各类书籍，提高马克思主义经济学研究水平，同时常年坚持在社会上举办面向大众的《资本论》讲座，积极宣传马克思主义经济学理论，扩大影响力。另一方面，积极开展与国外的交流、国内各学派的共同研究。比如2011年经济理论学会首次正式设立"海外特别会员制"，包括中国的程恩富教授、法国的杰拉德·杜梅尼尔（Gerald Dumenil）教授在内的七名国外从事马克思主义研究的著名学者受到学会的邀请，成为学会特邀的国外学术专家，学会希望以此适应学会活动日益国际化的需求，从而增加学会的国际交流机会。在国内，1997年由正统派、宇野派和调节派共同推出的《如何看待现代资本主义》一书也成为各学派着手展开共同研究的重要标志。

三 各学派开创共同研究的新局面：对现代资本主义的认识

由前面的介绍可知，日本马克思主义经济学各学派从形成之时即处于论战、对立的状态，各学派之间相互批判多于相互合作。进入90年代以后，学者们开始尝试着改变这一局面，并首先从现实分析入手，选取共同研究课题展开合作研究。由于对资本主义的研究一直是日本马克思主义经济学界重点研究的一个主线，从二战前到战后，不同时期，发现资本主义经济发展的变化，运用马克思主义经济学理论分析、研究，日本马克思经济学研究取得诸多重要成果，因此，各学派的共同研究课题首先选择了"现代资本主义"，而这一研究成果则集中表现在日本现阶段马克思主义经济学的三个主要学派的代表人物，即北原勇（正统派）、伊藤诚（宇野派）、山田锐夫（调节派）共同出版的《如何看待现代资本主义》① 一书中。书中既有三位学者对于现代资本主义的认识和分析，也包括各位学者对于其他两位学者观点的评述以及相互间的讨论，既反映了各学派对现代资本主义的研究成果，也可以看出其中的共识与分歧。

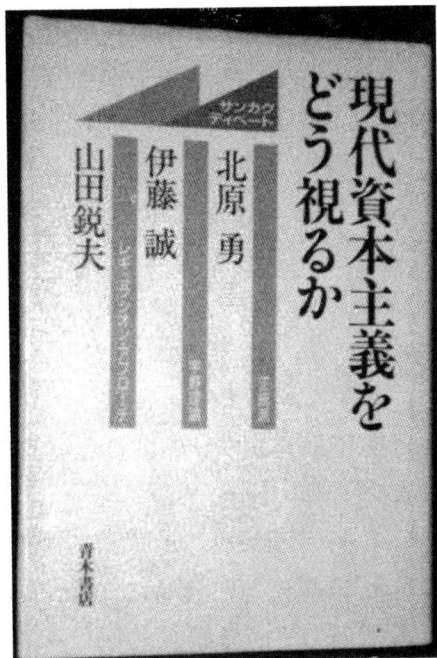

三大学派共同研究的成果

首先，三位学者对于现代资本主义的共同认识，北原勇在序言中认为有如下四点：

（1）都认为：战后资本主义的高速发展到 20 世纪 70 年代初期已经结束，之后不断出现的危机和调整反映出资本主义陷入长期低迷。比较并明确了这两个时期的特征，阐明资本主义从前一时期向后一时期转化的必然性及其意义是现代资本主义理论研究的重要内容。

（2）都主张：在阐明现代资本主义的动态发展过程的基础上，将马克思主义经济学把资本主义作为一个历史过程从理论上进行分析的特性以及基本视角，尝试灵活地运用到现代分析之中去。

（3）都认为：现代资本主义理论的关键在于考察资本主义经济或是资本主义企业积累的动态，特别是要关注在资本与雇佣劳动之间关系上发生的历史性变化。

（4）都从根本上反对或多或少地肯定现状的主流经济学，同时

---

① 北原勇、伊藤誠、山田鋭夫：《現代資本主義をどう視るか》，青木書店 1997 年版。

努力从事实上批判凯恩斯经济学的作用。

其次，三位学者由于各自依据自己学派独特的理论和不同的研究方法，对于以下几点的认识从一开始就有着很大的分歧：

（1）关于支撑战后资本主义高速发展的基本因素。

（2）关于现代资本主义发展出现的挫折、经济危机发生的规律。

（3）关于现代资本主义持续低迷的长期化及其重组的方向和特点。

（4）如何看待社会主义。

以下即是各学派的主要观点和主张。

（一）"正统派"北原勇的观点：陷入混沌状态的现代资本主义

1. 20 世纪 70 年代后，现代资本主义陷入"混沌"状态

庆应大学名誉教授北原勇从正统派的立场、以题为《20 世纪末资本主义的现状与走向——以新的国家垄断资本主义论的立场》的文章考察了现代资本主义。他认为，20 世纪 70 年代初期，随着"战后 IMF 体制"（国际货币基金组织）的崩溃，经济显现停滞倾向。虽然有 80 年代新自由主义经济政策带来的经济活力，以及苏东解体导致的"冷战"局面的结束等条件变化的影响，但都只是一时的、局部的外在条件的变化。如果寻找内在的基本倾向的话，可以发现，70 年代以后的经济基调基本上还是停滞。造成世界资本主义陷入停滞状态的主要原因有两个方面：一方面，发达资本主义国家中，现有体制对于持续的停滞束手无策，另一方面，反体制，或叫"改革主体"方面在理念上的影响力急速丧失，组织也处于崩溃状态。因此，与其说是"危机激化"，不如说是陷入"混沌"状态。此外，还有三个因素又进一步加重了这种现代的"混沌"：

（1）"ME（Micro Electronics，微电子）化、信息革命"的发展。这一现代生产力的发展，创造出新的产业领域的同时，在生产、流通、通信、消费等方面将引发重大变革，而且还将长期引发资本与雇佣劳动、垄断与竞争、国家与经济、国家与国家、人类与

地球环境等原有方式发生巨大改变。

（2）以亚洲为中心的非资本主义圈的资本主义化的快速发展。全世界的生产重心向亚洲转移几乎是与发达国家的停滞同时开始的，它在给发达国家带来活力的同时，也导致发达国家的产业空洞化、雇用的减少。今后，两者之间复杂的相互作用还将进一步加强。

（3）金融失控的可能性。伴随着向浮动汇率制的转变以及金融自由化的发展，不再受到各国金融机构管理的货币将充斥国际货币市场，世界将进入追求投机性收益的时代。国际货币市场将成为巨大的赌场。投机促使汇率市场发生动荡，也将极大地搅乱实体经济，还将直接打击人们的日常生活，并将极大地助长金融相关企业及体制的不健全。

这三个因素将形成巨大的漩涡，将把世界引入其中，且难以自拔。

以上就是北原分析现代资本主义时的问题意识和视角以及几个重要的论点，从中不难看出，北原运用马克思主义经济学的基本理论在把握现代资本主义的实质（处于"混沌"状态的判断）方面，在透过表面的现象发现内在的矛盾与问题（现代生产力的发展引发的问题以及亚洲国家的发展给欧美发达国家未来带来的问题）方面，以及在准确地预测现代资本主义危机（金融失控的危险）方面，具有较强的说服力，但他的分析显然对于70年代后现代资本主义的现实发展的认识不够充分。

2. 建立三层理论体系分析现代资本主义

在提出上述现代资本主义特点的基本认识的基础上，北原研究成果的另一个主要内容是，主张分析现代资本主义时，要建立"资本主义的一般理论"、"垄断资本主义理论"和"国家垄断资本主义理论"三层理论体系。

（1）"资本主义的一般理论"：北原认为这是构成三层理论体系的最基础部分，而马克思的《资本论》基本上可看作是"资本主义的一般理论"。他认为，《资本论》将资本主义看作一个历史性的经济体制，并基本阐明了资本主义的基本结构特征，即矛盾所在及其矛盾展开的规律性、长期倾向，也即历史的局限性，这就已经构建了"资本主义的一般理论"的框架。但他也提出，研究现代资本主义还需要重视经济规律的贯彻以及与竞争之间的关系，因为正是"竞争的全面支配"成为资本主义规律得以全面贯彻的媒介和保证。他还强调，他提及的"竞争的全面支配与规律的贯彻"与新古典经济学的"完全竞争下的均衡"并不一样，他强调，他的主张是建立在马克思主义经济学的基本认识——"矛盾认识"的基础上的。只是在资本主义矛盾的把握中，北原更重视资本积累与生产力发展的相互促进中形成的相对和绝对剩余价值的增大、相对过剩人口的挤出与利用、生产过程和积累过程中资本对劳动力的支配与劳动异化的强化、劳动者生活不安的增大，等等。

（2）"垄断资本主义理论"：北原认为，19世纪末以来，资本主义进入垄断阶段，并持续至今。竞争的全面支配的结构不复存在，但由于竞争是资本主义商品经济的基本属性，因此，即使进入垄断阶段，这一基本属性也没有改变，只是经济的中枢部分被少数巨大资本所垄断，一定程度上限制了竞争的进行。因此，严格说来，这一阶段的结构特征应该是"垄断支配及垄断与竞争交织"的结构。这种结构部分地妨碍了"资本主义一般规律"的贯彻，或者说使其发生了改变。即垄断价格的形成和利润率的阶层性平均化、极端地受到市场状况左右的投资行为、生产力增大与投资行为的谨慎与积极的交替出现等，出现与竞争阶段的资本运动不同的特征。此外，这种结构还一方面导致垄断资本控制下的支配，即掠夺的等级制度、总资本与总劳动各自过程中的阶层分化、垄断资本联盟与大产业劳动者组织间的对抗成为阶级对抗的中心等结构特征的出现；另一方面即动态方面，使得社会总资本积累与扩大再生产的运动即诸矛盾得以展开，并成为固有特征。产业循环的改变在一方面是停滞化基调的显现（庞大且慢性的资本过剩和劳动力过剩并存），另一方面是新兴产业的形成以及对外扩张引起的间歇性的飞跃式的发展，两者之间的交替出现，并且在大规模危机与大规模战争中爆发的经济矛盾与暂时解决。其中包括阶级矛盾、民族间的矛盾、国家间的矛盾变化、发展、成熟等。"垄断资本主义理论"正是要系统地阐释这样的垄断资本主义固有的结构和动态中贯穿的规律。

（3）"国家垄断资本主义论"：北原认为，二战后的现代资本主义是具有国家大规模且经常性介入经济过程内部的特征的垄断资本主义，是"国家垄断资本主义"。国家对经济过程的介入最初是在 20 世纪 30 年代大萧条时期，为应对经济、政治危机而出现的，之后在二战期间以战时统制经济的形式得以全面实施，但这些都是暂时的或只是在一个国家层面的国家介入，在所有主要资本主义国家中，出现国家大规模且经常性介入经济过程的还是在二战之后的现代资本主义中。对于国家介入的方式及其影响，虽然由于时代、国别的不同而有很大的差异，但一般来说有以下几个特征：

第一，垄断资本主义的内在矛盾的激化引发"危机"，作为应对，需要对劳动者作出让步，特别是实现高水平的雇用（即高雇用）和完备的社会保障，并使之成为国家政策的中心目标。

第二，为实现高雇用和恢复经济，追求由金融、财政政策引发的市场扩大、经济活动的全面的规模扩大，即通过利息和货币量的操作，维持物价和刺激投资，通过租税制度和社会保障实现收入再分配，以扩大消费，通过对公共建设事业和军事费用的财政支出来扩大市场等手段都被动员起来。

第三，成为追求持续的经济增长的最后的政策。一方面，需要维持高水准的雇用，而且需要满足在高雇用下，压力增大的劳动者的生活水平的提高以及对社会保障完善的要求。另一方面，资本要获得利润、还要积累。为使二者能够两立，最终都需要"持续的经济增长"。为此，不仅要求前面第二点提到的各种手段的应用，而且需要在保证国家汇率、货币、外贸等秩序安定的基础上，扩大贸易、提高生产率、振兴并创出新兴产业的技术。

在这些政策的实施中，经济结构和阶级关系都会发生一定的变化，包括资本间的竞争和垄断关系的一定变化，资本与雇佣劳动关系中的制度变化等。

以上就是北原主张的建立三重理论体系分析现代资本主义的主要内容。北原建立的对现代资本主义分析的理论体系代表了日本正统派马克思主义经济学的主要观点，为分析现代资本主义提供了较为完整的一套理论体系。

附：北原勇（きたはら いさむ），1931 年出生，1959 年庆应义塾大学大学院经济学研究科博士毕业。历任庆应义塾大学教授、名誉教授，是现在日本正统派马克思主义经济学的代表人物之一。主要著作有：《垄断资本主义的理论》①、《现代资本主义的所有与决定》②、与伊藤诚和山田锐夫合著的《如何看待现代资本主义》以及与鹤田满彦、本间要一郎编辑的《现代资本主义》③ 等。

（二）"宇野派"伊藤诚的观点：古典资本主义的逆流再现的现代资本主义

东京大学名誉教授伊藤诚是当前宇野派的代表人物，按照伊藤在题为《宇野理论与逆流假设——经济学的时代挑战》文章中的观点，1973 年是资本主义市场经济告别高速增长时期的一个界限，预示着将迎来大规模的危机和重整时期，并且随着电子信息技术的持续发展将发生新的改变。与此相伴，哈耶克的新自由主义成为经济政策的支配性潮流，现代重新成为被追问原理性问题的时代。然而，原来的经济学理论已经无法充分地解释很多现实问题了，比如伴随着资本主义经济发展产生的对自然环境的破坏作用及其解决方法、女性遭受的社会经济差别和压迫的问题等等，都需要重新深入地探讨由近代资本主义创造出来的生产力和财富的应有状态。可见，很多根本性问题在现代不断呈现出来。

伊藤认为，1973 年之后出现的资本主义世界的危机是继 19 世

---

① 北原勇：《独占資本主義の理論》，有斐閣 1977 年版。
② 北原勇：《現代資本主義における所有と決定》，岩波書店 1984 年版。
③ 北原勇ら編：《現代資本主義》，有斐閣 2001 年版。

纪末20世纪30年代以后，资本主义历史上出现的第三次大萧条。这种现代的大萧条表现为持续的再生产的混乱和收缩，表现为生产能力的固定资产的过剩化倾向。为了增强抗压能力而发展起来的高度信息技术引发劳动生产率提高，而这又与高度发展时期形成鲜明对比的是：劳动者的实际工资没有提高、与此相伴的是消费的遇冷和低迷。在这些引发的内外竞争压力之下利润率的提高更加困难、国家财政出现问题、汇率市场无法稳定，进而出现产业空洞化倾向、投资泡沫及其破灭的打击等现象，并且这些现象在以发达资本主义国家为中心的资本主义世界反复出现。

在这样的状况下，伊藤认为，20世纪末的以经济重组为基础的资本主义世界正不断提高微电子信息技术水平，并推广其使用，从中可以明显看出，与此相伴的现代资本主义也正强化个人主义的竞争性的市场原理为基础的现实倾向，伊藤将这种改变称为"逆流的资本主义"。他还进一步指出，在发达资本主义国家的这种市场经济的竞争性再次活跃时，原苏联社会主义的危机与崩溃及其之后的东欧、苏联各加盟国实行市场经济的路线、中国实施社会主义市场经济化的经济体制改革以及亚洲各国的快速经济发展等，都使得竞争性市场经济下的资本主义发展在空间上的可能性得以在世界范围内再次扩大。与此相应的是，发达资本主义国家内部，为对抗社会主义的负担以及对劳动者的让步得以削减，结果导致以资本主义国家为主的世界在竞争性市场经济中，在资本主义固有的运动原理的作用下，人们在经济、政治生活中的不公正、不平等明显扩大，如不断增大的各种工资差距、资产差距、地区差距，以及女性在就业、职场上的实际差别和育儿的困难的加大，生态危机加剧以及看不到解决该问题的体系性的方法。完全优先发展个人主义立场出发的市场经济导致的私营企业追求资本的自由利益，这种新自由主义下的重振资本主义的竞争活力的路线，可以说更加剧了对人、对自然的破坏性作用。为此，伊藤认为，在这种古典资本主义复活的逆流中，曾经在《资本论》中提到的"原理性问题"再次浮现出来。

伊藤的观点准确地把握了70年代之后资本主义的新自由主义

倾向，对于深入了解新自由主义带给现代资本主义的新特征以及引发的新问题具有很强的提示作用。但是这种新自由主义下的现代资本主义，能否视为是古典资本主义的复活，能否完全作为《资本论》中的原理性问题去分析却是值得商榷的，因为新自由主义下的市场经济与古典资本主义的市场经济毕竟具有很大的不同。

  附：伊藤诚①（いと まこと），1936 年 4 月 20 日出生于东京都。日本著名马克思经济学家，东京大学名誉教授。1959 年毕业于东京大学经济学部，1961 年东京大学大学院社会科学研究科硕士毕业，1975 年获得同大学经济学博士学位。1980 年任东京大学经济学部教授，1997 年退休，赴任国学院大学经济学部教授，获得东京大学名誉教授称号。2003 年成为日本学士院会员。2007 年国学院大学退休，任国士馆大学教授。2010 年国士馆大学退休。

  伊藤作为宇野弘藏、铃木鸿一郎的继承者，成为当今宇野派的代表人物。如前所述，日本马克思经济学界内部长期存在着正统派与宇野派理论的对立，正统派以通过资本主义分析实现社会主义道路为目标，宇野派则主要研究原理论、阶段论和现状分析。两学派常常发生论战，互相批判。90 年代以后，以伊藤诚为代表的一部分学者致力于促成两学派的共同研究，使得两学派的对立得以缓解，伊藤功不可没。

  伊藤的主要著作收录在刚刚完成的《伊藤诚著作集》② 之中。此外，他的多部著作被译成中文，在中国出版。如《价值与危机——关于日本的马克思经济学流派》（宋群译，中国社会科学出版社 1990 年版）、《市场经济与社会主义》（尚晶晶译，中共中央党校出版社 1996 年版）以及伊藤与拉帕维查斯合著的《货币金融政治经济学》（戴淑艳译，经济科学出版社 2001 年版）等。伊藤的著作英译本也很多。

---

① 日文维基百科：《伊藤誠》。
② 伊藤誠：《伊藤誠著作集》（全6卷），社会評論社 2009—2012 年版。

（三）"调节派"山田锐夫的观点：发展与危机交替出现的现代资本主义

名古屋大学名誉教授山田锐夫是调节学派的代表。山田以题为《福特主义的崩溃与新的探索——现代资本主义的调节学派理论研究》的文章阐释了自己的主张。他认为，20 世纪 70 年代后（新自由主义），一方面发达资本主义世界依然一直受到滞胀、失业、生产率钝化、利润率低下以及产业空洞化、国内绥靖的解体、国际经济摩擦等诸多问题的困扰；另一方面，随着各社会主义国家经济改革的相继失败，直至 80 年代末 90 年代初的相继崩溃，以及日本和亚洲在此期间经济地位的逆势上升等动向都要求重新建构现代资本主义理论，而且要求产生不同于国家垄断资本主义论的新的理论。伴随着资本主义由持续的高速增长转向长期不景气，或者说是围绕着从中发现的现代资本主义特征和机制，各国学者提出了很多新的理论。这些新理论的共同之处在于：切入对劳资关系和劳动过程的分析。而之前的国家垄断资本主义论主要是建立在是自由竞争还是垄断的竞争视角，以及国家是否介入的国家论和政策论的视角之上的。新的现代资本主义论是对垄断、国家问题深层的劳动问题的分析，认为破解战后发展向危机转换的关键在于劳动问题。这也是新理论的共同视角。

山田进而认为，应该彻底放弃国家垄断资本主义论，包括放弃作为其前提的"资本主义崩溃论"、全面危机论，以及认为 20 世纪的资本主义只是"腐朽"的、"停滞"的讨论。因为 20 世纪，从中长期来看是发展与危机交替出现的时代。为此山田认为，承认事实，捕捉发展与危机交替出现的历史，在此基础上建构理论，并予以反映才更加重要。

山田解释说，调节学派的研究就是在反思、否定了资本主义的垄断阶段的停滞论（国家垄断资本主义论）和阶段性高层次化理论（宇野理论）后，采取了"发展与危机的交替"、"发展模式的盛衰与交替"的历史观，以与劳动、金融、竞争、国家、国际相关的"制度形态"的视角，聚焦具有决定性的制度装置，推进构成发展模式的"积累体制"（宏观、机制）和"调整方式"（博弈规则）的分析，并将当时的发展模式的"危机"（特别是结构性危机）和新的发展模式的可能性作为研究课题。

山田进一步强调，调节学派的战后资本主义的捕捉不是以"国家垄断资本主义"，而是以"福特主义"的概念进行的。调节学派理论所说的福特主义是指劳动者方面接受"泰勒主义"（在劳动过程中剥夺劳动者的熟练性、判断力、自主性，使劳动者重复单调的作业），而经营者方面提供"生产率指导工资"（按生产率提高的比例相应地提高工资的一种工资方式）这样一种相互妥协、并以此为媒介的大量生产—大量消费的积累体制。即生产率的提高刺激了经济增长，经济增长又再度刺激生产率的提高，形成了"黄金回路"，并在此基础上形成大量生产—大量消费，这就是福特主义的积累体制。而调节学派理论所要研究的核心问题就是：战后为什么会形成这样的体制？与战前的生产率的提高只是导致经营者方面的利润的增加，而劳动者却没有得到好处不同，战后的大量生产是得到大量消费的支撑并实现经济的高速增长的。这是经营者方面与劳动者方面相互妥协实现的。而这种雇佣劳动关系中的劳资妥协就是构成福特主义核心的调整模式。调节学派理论认为，这才是战后资本主义持续发展的秘密所在。

对于 20 世纪 70 年代福特主义陷入危机，山田认为导致危机的原因是双向解体，即（1）泰勒主义引发的生产率的提高达到了极限。因为泰勒主义发展不断推进劳动细化、碎片化、无内容化，增加了劳动者的疲劳、疾病，以及劳动欲望的减弱和怠工，进而激发劳动者的反抗和罢工，于是形成福特主义基础的泰勒主义的劳动构成原理陷入危机，直接以这一原理为前提推动的机械化和生产率的提高也就无法延续下去。（2）生产率指导工资也崩溃了。福特主义工业化的成功引发城市化，与此相伴而生的间接工资（社会保障的各种补贴）上升压力加大，而且凯恩斯的完全雇用政策的成功使得劳动者的战斗性提高，又形成了直接工资上升的压力。结果导致发达国家"工资爆发"、"利润压缩"，面对这种分配危机，经营者方面当然也作出反击，目标即是"工资紧缩"。工资与生产率的链条断裂，构成福特主义的指导工资的妥协也解体了。于是，构成福特主义调整模式主干的"泰勒主义"和"生产率指导工资"全都崩溃，结果是，以此维持、展开的"大量生产—大量消费"的积累体制也随之崩溃。

面对这种局面，调节学派认为，所谓结构性危机时期就是在旧的发展模式衰退的过程中，探索新的发展模式的时期。并将福特主义衰退与新模式探索的今日称为"后福特主义"。调节学派虽然也承认新的积累体制和调整模式正在探索之中，且轮廓上尚不明朗，但认为应将现代看作是分歧与多样化的时代。而作为具有代表性的模式可有三种：美国型、北欧型（瑞典）和日本型，可分别称为新福特主义（工资紧缩→恢复利润份额→恢复利润率）、沃尔沃主义（克服泰勒主义→恢复产出/资本比率→恢复利润率）和丰田主义（出口主导型积累体制、企业主义或公司主义或公司中心主义）。

仔细分析调节派山田的观点不难发现，这种主张虽然看似从劳资关系和劳动过程入手进行的分析，抓住了运用马克思主义经济学理论阐释现代资本主义的核心问题，但仅仅将战后资本主义的发展归结为"劳资关系的妥协"，将危机归结为这种妥协关系的破裂，而且认为资本主义的危机是在探索新的发展模式，发展和危机将是交替出现的观点，显然未能抓住现代资本主义的本质问题，更对其未来的发展难以给予准确预测，因此只能是罗列出多种模式以求把握，实在难以具有很强的理论说服力。

附：山田锐夫（やまだ としお）①，1942 年出生于名古屋。1964 年毕业于名古屋大学经济学部，1966 年同大学大学院经济学研究科硕士毕业。1989 年大阪市立大学获得经济学博士学位。主要研究方向为理论经济学、现代资本主义论，研究课题为调节学派理论、比较资本主义分析。曾先后担任名古屋大学经济学部教授、

---

① 日本九州产业大学教员网上信息。

九州产业大学经济学部教授。主要业绩包括：著作《现代资本主义的新视角》①（合编著）、《各种各样的资本主义》②（专著）、《金融危机的调节学派理论》③（合著）等；论文《现代资本主义的多样性与"社会"的调整》④、《资本主义经济中的多样性》⑤、《何为比较资本主义的分析》⑥ 等。

针对上述三位马克思经济学代表人物的论战，森冈孝二在《贪婪资本主义的时代及其终结》⑦ 一书中给予了总结和评述，并提出了自己的主张。

1. 对于北原勇的"20世纪末资本主义"的分析。森冈首先认为，与19世纪后期和20世纪前期相比，20世纪后期资本主义实现了更为高速的增长，这是用北原的"停滞化基调"所无法解释的。而建立在北原创立的"三层理论体系"之上的"现代资本主义论"并非是"理论"，而是"现状分析"。于是，"资本主义的一般理论"、"垄断资本主义理论"和"国家垄断资本主义论"就不是将资本主义的历史划分为19世纪、20世纪前期、20世纪后期，并将各时期的资本主义作相应的横向排列去研究，而是将这三个理论作为分析现代资本主义整体结构所必需的三层理论，即"资本主义的一般理论"作为底层、"垄断资本主义的理论"作为中层、"国家垄断资本主义论"作为上层组成的多重架构。他认为这样的理论架构，会形成"资本主义的一般理论"大于"垄断资本主义的理论"大于"国家垄断资本主义论"的一种越来越窄的局面，在分析资本

---

① 山田鋭夫ら 編：《現代資本主義への新視角》，昭和堂2007年版。
② 山田鋭夫：《さまざまな資本主義》，藤原書店2008年版。
③ 山田鋭夫ら：《金融危機のレギュラシオン》，昭和堂2011年版。
④ 山田鋭夫：《現代資本主義の多様性と〈社会〉の調整》，《季刊経済理論》第44卷1号，2006年4月。
⑤ 山田鋭夫：《資本主義経済における多様性》，《比較経済研究》第44卷1号，2007年1月。
⑥ 山田鋭夫：《比較資本主義分析とは何か》，《東京経済大学会誌（経済学）》，第259号，2008年3月。
⑦ 森岡孝二：《強欲資本主義の時代とその終焉》，桜井書店2010年版，第41—79页。

主义的结构和运动时，必然会失去整体性。此外，他还认为，北原的理论中，"垄断支配"的见解是通过"停滞化的基调"认识来确定的，"国家介入"的见解则是通过应对"停滞"和"危机"的认识来确定的，于是由此导致的作为现状分析的现代资本主义论不仅具有很强的垄断色彩和国家色彩，而且具有很强的停滞色彩、危机色彩和混沌色彩。还有，他认为，北原的社会观＝体制观，即从"体制方面"与"反体制方面"来说明现代资本主义所处"混沌"状态并不准确，因为这很难说明资本主义内部实际的政治、经济、社会所具有的对抗性，这是两个极为模糊的词汇，甚至不具有作为概念存在的意义。

森冈对于"ME 化、信息革命"的长期影响，认为并非北原所言的难以预测，而是具有形成"消费社会"的倾向。

2. 对于伊藤诚的"逆流假设"。针对伊藤提到的"原理性问题"，森冈认为，"原理性问题"从资本主义出现起就应该考虑成原理性存在，即便是它表现在以资本主义较高阶段为前提的时候也应如此。如果因为它是在现代资本主义才表现出来的话，就决不能称之为逆流了。森冈以劳动时间在不同时期、不同国家的延长与缩短为例，说明这样的变化不能称作是"逆流"。虽然森冈批评了伊藤的"原理性问题"和"逆流"的观点，但他对于伊藤重视女性问题和生态问题的主张表示支持。

3. 对于山田锐夫的"调节派研究"。森冈认为，山田研究的直接焦点与其说是福特主义时代，不如说是"后福特主义"时代。因为调节学派理论在全球引发关注、并吸引了众多支持者的原因在于它分析的是战后世界的繁荣期、日本的高速发展等时期。随着 20世纪 50—60 年代美、欧、日都出现经济高速发展，马克思主义经济学者之间围绕现代资本主义的研究兴起，展开的争论主要是围绕国家垄断资本主义论和围绕现代资本主义的国际讨论。偏重抽象理论和名词上的争论，却没有针对解释高速发展的机制等问题，战后资本主义积累过程的具体的、事实的分析并不充分，即便是 70 年代活跃起来的垄断资本主义论也存在着同样的问题。而 70 年代中期前后出现的调节学派提出以雇佣劳动关系和消费模式为中心，说明资本主义积累体制的观点比国家垄断资本主义论更真实地解释了战后资本主义的雇佣劳动关系和消费模式的变化，因此才受到广泛的关注。

最后，森冈总结道：北原是在其构建的"三层理论体系"上以现状分析研究现代资本主义理论；伊藤是在宇野三阶段论的基础上提出自己的观点；山田则是将由"积累理论"和"调整模式"构成的"发展模式"的理论作为现代资本主义论提出。森冈认为，应该建立以劳动过程研究为基础的生产过程和积累过程的最新形式分析的新型现代资本主义理论。同时，关注消费社会的成熟，尝试构筑消费资本主义论、从生产和金融两方面展开全球化资本主义论的研究。重要的是，具有多样性、广泛性的现代资本主义整体景象时刻浮现在眼前，自觉地意识到特定的研究所能够达到的射程总是有局限性的，不将其作为唯一的、绝对的分析结构才好。

从森冈对于三种观点的分析可以使我们比较全面地了解和把握各学派观点的优势与不足，但也不难看出他的倾向性，即对正统派与宇野派理论提出了质疑，而对于调节派的观点给予了更多的肯定。但森冈也只是提出了构建新型现代资本主义理论的设想，却并未能给出更深入的分析和最终的结论。

四　各学派的最新研究:对全球经济危机的认识

面对2008年爆发于美国、最终蔓延到全球、至今未能摆脱的全球性金融危机，日本马克思主义经济学各学派在各自对于现代资本主义认识的基础上，又展开了自己对于这场金融危机和经济危机的研究与分析。

（一）"正统派" 井村喜代子的观点："现代资本主义的变质" 和 "金融变质" 导致的危机

庆应大学名誉教授井村喜代子是正统派的另一位重要的代表人

物，就近年的全球性经济危机及欧洲的财政危机，她从下述三个方面确立起其理论体系：

1. "现代资本主义的变质"的观点。对于现代资本主义发生转变，井村同样认为是进入20世纪70年代之后，现代资本主义发生了变质，开始了新的时期。而对于引发转变的契机，井村则给出两个：一个是"黄金·美元交换"的停止和"早期IMF体制"（国际货币基金组织）的崩溃（从固定价格机制向浮动价格体制的转变），另一个是一直使用的推动持续性增长政策的失败，以及由此引起的向新自由主义政策的转变。

首先，对于前者，井村这样阐释：布雷顿森林体制提倡的"黄金·美元交换"的原则有助于制止通货膨胀、信用膨胀，它的废止即意味着丧失了发行美元时对黄金储备的要求限制，意味着失去了制止财政赤字膨胀的能力。美国变得已经不受黄金储备、国际收支问题所限制，可以为了实施发展策略，持续扩大通货膨胀、信用膨胀以及财政赤字，通过完全自由的对外投融资，在国内外推进国际资本交易的自由化、金融自由化，甚至可以从欧元市场夺回国际金融市场的霸权。美国的基础货币特权从黄金交换的制约中被解放出来，得到前所未有的强化，美国之外的其他国家也因为没有了维持固定比率的义务，从国际收支平衡这一最高指令下被释放出来，得以持续推行通货膨胀、信用膨胀、财政赤字等促进国内经济景气的政策。于是，美元的无限制的泛滥就变得更加通行无阻了。

结果就是，美国每年的巨额经济收支赤字以过剩资金的形式流向海外，各国使用作为"结算货币"积攒下来的美元结余，不断在该盈余国刺激出通货膨胀、信用创造膨胀，对投机活动的资金投入也不断扩大。于是，80年代以后，在欧美各国的实体经济停滞的情况下，庞大的过剩资金为了谋求投机的利益奔走于世界各地，出现了国际化投机性金融交易常态化的新形势。为了适应这种时代的要求，金融工学开发出各种各样的金融产品，将风险分散到世界各地，这已是广为人知的事实。金融市场的不稳定性及投机性一下子高涨起来，汇率市场也在变动的市场价格机制下极大地强化了投机性。

对于宇野派的伊藤将现代金融市场和汇率市场的这种不稳定性的历史起源归结为"17 世纪的郁金香危机和 18 世纪的南海泡沫"（1720 年英国南海公司股票下跌、金融危机暴发），并认为现代的金融危机是资本主义经济在原理论上所具有的货币恐慌（即他所说的"货币恐慌的第二种类型"）倾向的现代表现。井村认为，确实可以说投机的历史由来已久，但"金本位机制下受到制约"的投机，和去掉"黄金·美元交换"和"固定比率"机制的制约的投机本质上是不同的，强调了它的新情况。现在的金融·汇率市场的不稳定性是由"现代资本主义变质"后，在世界规模包括外汇市场在内发展起来的经常性的国际投机性金融活动引发的，而要找出与之前的投机同样的模式的做法本身就是错误的。

其次，井村认为，支撑"现代资本主义的变质"特征的"第二支柱"就是向新自由主义政策的转换，美国的里根、英国的撒切尔、日本的中曾根政权积极推进的正是这个转换。在这样的政策转换中，企业的经营态度也会发生重大的变化。井村特别强调，迄今为止，作为企业经营所必需的、坚实的长期性计划——基于技术改进和未来国内外市场动向的预测制定的长期性生产计划，即建立在技术、设备投资计划上的企业态势相继被削弱。企业坚实的长期性、保证社会信用的企业经营伦理也急速下降。另一方面，投机性资产的运用，扩大了不付出辛苦的劳动就能获得巨额收益的可能性，使得劳动者对于辛勤工作、学习技术，进而改良技术的愿望不断下降。此外还要加上工会的运动衰退等状况。

可见，20 世纪 90 年代以后开始的货币危机[1]的背后存在着 70 年代就已开始的"现代资本主义的变质"。

2. 引发"现代资本主义的变质"的原因。对于这个原因，井

---

[1] 20 世纪 90 年代的危机，从 1992 年、1993 年源于英国、席卷欧洲各国的货币危机开始，到 1997 年夏天源于泰国、波及东亚各国的货币危机，再到 1998 年发生的俄罗斯货币危机·延债宣言，并蔓延至中南美洲及巴西的货币危机，直到 2001 年、2002 年的阿根廷货币危机等不难发现，这些主要都是货币危机。

村把目光放在了"金融与实体经济"的背离上面，并以"从实体经济中独立出来的投机性金融活动"构想为轴心去捕捉这一"变质"的实质。

井村认为，美国虽然由于陷入国际收支危机，导致黄金与美元交换陷入停滞的境况，但却依然使用已没有黄金相对应的国内货币美元进行国际贸易和国际资本交易（即以国内货币为基准货币发挥功能），允许国内银行信用创造膨胀，使得经常性收支赤字不断累积，对外投融资得以持续进行。而银行也为了在实体经济活动以外的领域谋求金融收益，金融活动变得更加活跃，进一步促使金融创造膨胀化。可以说，站在岔路口上的美国选择的是一条通过金融的自由化、国际化来实现美国国内的金融证券市场的活跃、美国金融霸权的强化、金融收益的扩大化，并以此来实现美国经济的复苏，并且是以金融资本得失为优先考虑的道路，因此才出现了"金融变质"。本来银行普通的信用创造是受到实体经济中现实资本产生的利润限制的，可是"金融变质"后的信用创造，变质成为从实体经济中独立出来、谋求从金融活动本身产生收益的活动，这样基于新的信用膨胀机能的"虚拟金融收益"就出现了，也就出现了被没有实体经济的内核（不是价值物）的虚拟收益所支配的独立的世界，即金融资产的世界。从 80 年代围绕外汇的投机和股票投机开始，之后是"住宅贷款债权的证券化"，到 90 年代开始的"证券的证券化"，进而是"金融保证的衍生品"，以及金融商品的开发等都以惊人的态势发展着，与此相伴的是金融层面自身要获得金融收益的投机性金融活动变成不论实体经济的好与坏，都依然能够长期进行的局面。

当然，金融资产和金融收益的膨胀不论怎样与实体经济毫无关系地进行，在其具有购买力这一点上，表现出来的却是与实体经济中产生的附加值（利润、工资）没有什么区别。即，依靠借钱去买汽车、家具、电器产品等大型消费活动依然在进行，事实上，对实体经济的消费扩大也作出了暂时的贡献，如果这种情况与实体经济生产层面的技术革新相结合，金融膨胀也可能有积极的意义。然而，现实的金融膨胀并没有同这样的改革（扩大生产资本部分的投入）相结合，金融世界的异常繁荣也没有引起实体经济的自律性扩大，反倒提高了金融活动本身引发的金融危机的可能性。

由此可见，进入 21 世纪以后发生的金融危机[①]的背后是作为"现代资本主义的变质"的结果而产生的"金融的变质"，即具有从实体经济独立出来的投机性金融活动的膨胀化的特点。

3. 对于欧洲财政危机的研究。井村认为，90 年代以后接连出现的从货币危机到金融危机的现代资本主义危机，到 2010 年以后，又出现了欧盟的财政危机，即所谓的主权风险等新情况。2010 年 4 月希腊国债信用下降引发的主权风险，从希腊开始，向葡萄牙、爱尔兰、意大利、西班牙蔓延，进而引发欧盟、欧元区范围的欧元、英镑的猛跌、股价的暴跌、国债不稳定的扩散，欧洲财政危机爆发。

媒体一般认为，这场危机是发生国涣散的财政所引发的，井村却不这么认为，她认为一个重要的原因是，90 年代以后为追求"金融立国"，正是这些国家赞同美国的新自由主义战略，并追随其后才导致今天的局面。英国 90 年代以后，积极推进金融自由化、国际化，成为在欧盟普及投机性金融活动的主要国家，以美国的担保债务凭证（CDO）信用违约掉期（CDS）交易为媒介，获得了巨大的利益，而紧随其后的是爱尔兰和西班牙。欧盟的大型金融机构也不只是大量购买、使用美国发明的 CDO、债权、CDS，还将自己创制的金融商品在欧盟内部使用，扩大投机性交易。而现在受到美国金融危机的冲击、陷入破产边缘的正是这些机构，以及将它们国有化从而扩大财政赤字的要"金融立国"的各个国家。

另外一个原因则是，国债被编入金融商品之中后，它又扮演了危机传播者的角色。井村指出，雷曼冲击之后，由于发达各国的金融机构失去了资金使用之处，而欧洲圈的国债在某种程度上需要救

---

① 2007 年开始的世界金融危机引发了 2008 年美国政府所属的两家住宅金融机构（房利美、房地美）的破产、雷曼兄弟的倒闭和 AIG（美国国际集团）的破产等。

助的情况下，这些金融机构的资金大量投向购买利率相对较高的希腊、爱尔兰等国的国债，并将其编入投资信托、指数投资信托之中，加以运用。这些国债的金融保证 CDS 的急速扩大，虽然支撑了国债的信用，却也相对地提高了它的风险。这就是金融危机与国债的评级联动的原因所在。因为国债能够轻易地得到金融保证，信用就会膨胀，在这样的信用膨胀之下，各国的财政赤字不断累积，一旦遇到金融危机，膨胀的信用就会崩溃，使得违约的危机一下子变得非常严重。正如井村所指出的那样，虽然忽视财政赤字的这些国家有很大的责任，但是这些国家国债的 70%—80% 是欧洲发达国家的金融机构为了谋求投机性利益而购入并使用的。如果它们不去购买如此巨额国债的话，持续的巨额国债的发行毕竟难以实现，也就不会使债务余额超过 GDP 了。可以说，靠国外消化国债、坐视资金的激增，就会出现财政支出涣散、向金融机构注入庞大的公共资金以及救济金融机构等状况，并最终寻到危机的爆发。

可见，井村的观点是：2010 年发生的欧洲债务危机的背后同样是"现代资本主义的变质"，其结果是造就了从实体经济独立出来的投机性金融活动的泛滥，而且，进一步发展下去的话，将导致简单地依靠增加财政赤字的"金融立国"政策走向末路。

附：井村喜代子（女）（いむら きよこ），日本马克思主义经济学家，正统派代表人物之一，经济学博士。1930 年出生于金泽市，1952 年庆应义塾大学经济学部毕业，1958 年同大学大学院经济学研究科博士毕业。1955 年后，历经庆应义塾大学助教、专职教师、副教授到教授，1995 年退休，获得庆应义塾大学名誉教授称号。

主要著作有：《危机·产业循环理论》[1]、《"资本论"的理论性展开》[2]、《现代日本经济论——战后复兴、"经济大国"、90 年代

---

① 井村喜代子：《恐慌·産業循環の理論》，有斐閣 1973 年版。
② 井村喜代子：《〈資本論〉の理論的展開》，有斐閣 1984 年版。

大萧条》（新版）①、《日本经济——混沌之中》② 以及《世界金融危机的构图》③ 等。

（二）"宇野派"伊藤诚的观点："第二种类型的货币恐慌"引发全球性金融危机

伊藤作为宇野派的代表，对于这场金融危机也作出了分析。他在 2009 年题为《从次贷危机到世界金融危机》④ 文章中提出：以现实资本和货币资本积累的全球化的重组为基础，反复出现的、因泡沫破灭而产生的金融危机，虽然发生在现代世界，且与古典的经济危机和 70 年代初期的通货膨胀危机有所不同，却未必就不能说这是一场产业现实资本的过剩积累，以及由此产生的利润率的骤降导致的货币信用危机，要承认这个特性。这一认识，其实在 2002 年伊藤与 C. 拉帕维查斯合著的《货币、金融政治经济学》⑤ 一书中就有所论述，伊藤认为："从 80 年代末的日本、到 1997 年的周边亚洲各国产生的泡沫繁荣及其破灭导致的金融危机，其背后很大程度上是伴随着无法为产业的资本积累完全吸收的过剩的货币资产的投机性投放，从而产生的不稳定性所致……在性质上，若是从第二种类型的货币恐慌在现代的出现的视角来分析的话，恐怕更为有力吧。"

在这里，伊藤叫作"第二种类型的货币恐慌"的是指《资本论》中马克思作为与支付手段的货币功能相联系来说明"独立的货币恐慌"的论述，是指与"原本的古典的货币恐慌"相区别的投机性货币的独自的运动引发的金融的不稳定性。在伊藤看来，在新

---

① 井村喜代子：《现代日本经济论——战後復興、〈经济大国〉、90 年代大不况》（新版），有斐閣 2000 年版。

② 井村喜代子：《日本经济——混沌のただ中で》，勁草书房 2005 年版。

③ 井村喜代子：《世界的金融危機の構图》，勁草书房 2010 年版。

④ 伊藤诚：《サブプライムから世界金融恐慌へ》，《情况》2009 年 1、2 月合并号。

⑤ 伊藤诚、C.ラバヴイツァス：《货币·金融の政治经济学》，岩波书店 2002 年版。

自由主义的全球化的进程中，反复出现的泡沫破灭的金融危机是17世纪的郁金香危机、18世纪的南海泡沫之后，资本主义原理性问题的内在性倾向在现代的重现。而且，由于受到现实资本的自身金融化和缓慢增大的世界性过剩资本的投机交易的支撑，再加上波及至劳动者阶层的消费者信用的扩大，使工资收入背负上相当沉重的利率偿付的负担。这使得所谓的在劳动力商品化导致的对剩余劳动的剥削之上，又加上了现代的劳动力金融化导致的双重剥削的倾向一下子展现出来，形成了美国的住宅金融通过全球的抵押担保证券的流通注入全世界的资金二层部分。与这部分资金作为抵押贷款再贷给劳动者大众的一层部分构成的二重结构，住宅金融的一级市场和二级市场之间的背离越来越大，一旦各种贷款陷入无法履行债务的窘境，负面效应的连锁反应将向全球扩散开去。

对于这次世界经济危机可能导致的严重程度，伊藤列举了现阶段可以避免大崩溃的三个因素：第一是现代跨国企业强化自身的金融化倾向，以缓解金融危机的破坏力。第二是中国及其他低工资各国的经济实力发挥缓冲金融危机冲击的作用。第三是各国采取财政政策，持续努力，誓死阻止景气的下滑。只是，这些因素究竟对于阻止资本主义信用、金融体系内在的自我崩溃能在多大程度上取得成功还要看今后的发展，难以预测。

伊藤在2010年题为《从次贷危机到世界恐慌》①的文章中，进一步深入分析了美国次贷危机爆发的社会背景和原因后指出，次贷危机的一个重要特征在于：在被视为现代资本主义最先进代表的美国金融机制的基本作用下，伴随着对广大普通劳动者的住宅金融及其他消费者金融的大规模扩充进程的推进，投机泡沫形成并反向破裂，从而引发危机。这是在构成资本主义经济根本的劳动力商品化导致的剩余价值剥削之上，又加上了劳动力金融化导致的剥削，这场危机表明，这种现代的双重剥削的追加、扩大倾向已经渗入到

---

① 伊藤誠：《サブプライムから世界恐慌》，《季刊経済理論》2010年第47卷第1号。

现代金融化资本主义的根本之处。

此外，伊藤在深入分析美国次贷危机爆发的社会背景和原因时还特别强调了以下四方面是导致这场危机爆发的主要原因。

1. 20世纪60年代以后的公民权运动是引发金融民主化的一个重要原因。低收入人群也能不受限制地在银行开设账号，而一系列地方性法规又使地方银行掌握的存款的一部分得以返还地方并在地方使用，而限制低收入地区参与住宅金融活动的措施被废除等举措，在新自由主义的推动以及丧失了公共管制和信用完善的考虑的情况下，不断向低收入阶层推销住宅金融贷款，结果反而导致扩大了剥削和掠夺的金融作用，形成莫大的讽刺。

2. 在新自由主义的推动下，对住宅贷款的利率上限等的限制被废除，对次贷阶层也能设立相应的信用能力所拥有的贷款利率，而且还在最初的2—5年设立利率优惠期，于是混合型的、认为可以当面支付的具有魅力的住宅贷款设计、运用得以实现。

3. 随着信息技术的发展，各种新型金融贷款轻易地得以推广，在借贷双方看来，都能够轻易地持续实现扩大住宅金融的作用，在二级住宅金融市场展开的多重证券的证券化就是由于信息技术的发展才得以轻易实现的。

4. 非金融大企业自1972年以后，随着经济发展的迟滞，在美国和其他发达国家都出现限制设备投资、不断利用新股发行筹措资金的状况，进而在强化自身金融化过程中，出现世界性的资金过剩不断聚集到各金融机构的现象。特别是在90年代后期信息技术的发展带来的新经济景气消退后，为了恢复经济，低利率政策的推行导致各金融机构中过剩资金的累积，借助过剩资金在全球流动的结构，美国住宅金融作为具有投资价值的地方，被直接、间接地注入了大量的投机性资金。

上述因素支撑了90年代后期以来美国经济的复苏、发展的同时，也引发了美国经济发展对住宅金融的高度依存，以及国债、企业债的不断攀升。

此外，本来资本主义的金融机制的主要功能是将社会闲散资金组织起来为资本主义企业的生产和经营活动发挥作用，资本主义企业通过剥削雇佣劳动者，并在得到的利润中拿出一部分，以利息的形式进行再分配。而消费者金融是伴随着 19 世纪末期以后资本主义的高度发展形成的，一方面是劳动者阶级实际收入的提高，存款、保险金、养老金等逐渐成为金融机构的重要资金来源，另一方面，20 世纪 20 年代美国等国家的住宅、轿车等耐用消费品的普及，也使得住宅金融等消费者金融出现再次活跃的倾向。这种倾向在 70 年代后期以后，发达国家经济发展放缓，以及由此引发的非金融大企业的自身金融化的倾向和在各主要银行的推动下又得以强化。80 年代末日本巨大的泡沫膨胀、90 年代末美国的景气、特别是 IT 泡沫崩溃后的经济恢复过程中，住宅金融等消费者金融作为资本主义积累发挥了中枢性引擎的作用。

伊藤还认为，马克思曾明确指出，古代、中世纪的高利贷对于古代、封建所有制、小农、小市民的生产方式都发挥了颠覆性的破坏作用。可见附带利息的资本自古就具有反社会的作用，现在不过是在资本主义的中枢里，通过劳动力金融化重新显现出来罢了。利率水平与古代高利贷相比，虽然受到限制，但次贷阶层所要交的本金加利息也高达其年收入的近 50%，才能获得住宅贷款。因此，所谓次贷危机实际上就是现代大型银行通过其子公司推动的、以劳动力金融化为手段的对更大范围的雇佣劳动者的进一步剥削和掠夺，随着这一根本变化的扩大和加深，很多人的生活被颠覆，遭受到毁灭性的厄运。次贷问题进而发展为世界危机。

可见，次贷危机可以说是新自由主义和以此为基础的新古典微观经济学教义在经济社会中的运用。在新自由主义的推动下，将自由竞争的资本主义市场经济从对货币·金融、劳动力市场等的社会管制和保护中解放出来，引发为致富而展开的投机性交易的自由化倾向。

伊藤进而指出，对于这场次贷危机，新古典经济学的市场原理主义理论由于对于自由市场经济的基础上，资本主义的发展中危机显示的矛盾和不稳定性是内部存在的，以及投机性泡沫及其破灭反复发生的原因，进而对这次次贷危机的必然性都不曾作为理论问题探讨过，因此成为很难理解的现象。明斯基（Minsky，1982）等后凯恩斯学派提出金融不稳定假说受到世界的持续关注，它其实是确定了伴随着资本主义市场经济内在的金融机制的投机性使用，高潮和崩溃交替出现的不稳定性理论。与此同时，马克思的危机理论适用于现代的可能性也受到广泛关注，《资本论》与古典经济学的理论体系相比，很明显具有货币理论体系的特征，而且始终重视货币·金融体系的内在不稳定性，并将其作为危机理论的一个重要方面尝试进行了研究。

最后，伊藤指出，对于这场规模巨大、百年一遇的次贷危机引发的深刻的社会经济危机，需要以更广阔的视野去看待具有多样性选择的可能性的历史进程，需要我们从新自由主义的枷锁中摆脱出来，更加具有全球化的视野。并围绕探讨这些思想和理论基础的政治经济学在现代的展开，重新开始基础理论和现状分析。

此外，展现宇野派观点的还有金子胜的研究。金子认为，正在经历的世界金融危机是以金融自由化为基础的全球化引发的危机，具有针对性的政策是必须真正去处理不良债权，可是无论日本还是美国都没有采取这样的举措，这样，想要避免长期的停滞所采取的措施却可能引发泡沫的循环产生。彻底进行不良债权的处理的同时，为了快速引发投资更新和需求更新，"除了采取如同战争般的全世界统一的投资，进而引起一场'新的产业革命'之外，别无他法"，这是金子的结论。为此，金子提出，应该期待可能性最高的领域，即能源的转换，从而引发波及性创新。

（三）"调节派"山田锐夫的观点：全球性金融危机是结构性危机

山田锐夫对现在的金融危机的认识代表了调节学派的主要观点。他从时间轴和空间轴两个方面考察了全球金融危机，所谓时间轴的考察，就是将现在的危机置于结构性危机的延续性历史脉络中，这时，危机不是循环性危机（如同基钦循环和朱格拉循环那样的市场性危机），而是需要将其作为结构性危机去把握（这种危机经过循环性危机→结构性危机→最后的危机的时间过程），这种结构性危机和发展如下图所示：

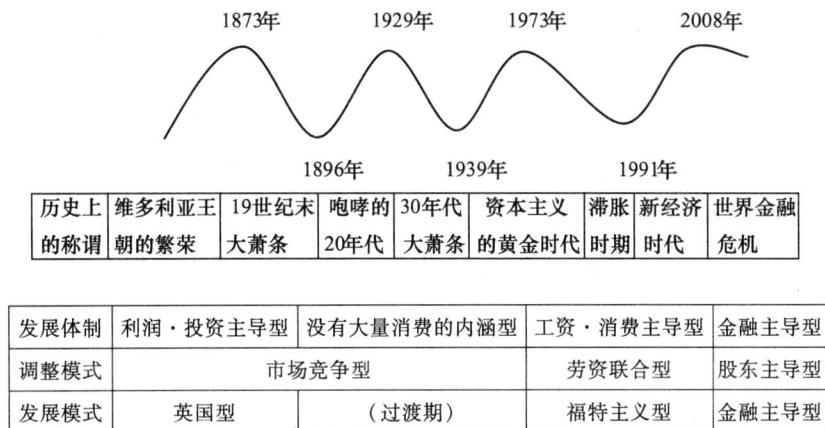

历史上的称谓	维多利亚王朝的繁荣	19世纪末大萧条	咆哮的20年代	30年代大萧条	资本主义的黄金时代	滞胀时期	新经济时代	世界金融危机

发展体制	利润·投资主导型	没有大量消费的内涵型	工资·消费主导型	金融主导型
调整模式	市场竞争型		劳资联合型	股东主导型
发展模式	英国型	（过渡期）	福特主义型	金融主导型

图表 1　发展与危机的世界史

图表 1 是以霸权国家为中心整理的，将资本主义 200 年的动态划分为四个时期的图表。所谓霸权国家主要是指 19 世纪的英国、20 世纪后期的美国，而 20 世纪前期是英美霸权交替时期，可以暂指美国。类似于康德拉季耶夫的长期波动（Kondratiev wave）说法，各时期都拥有持续性发展期（上升波）和结构性危机期（下降波）。四个持续发展期，按照历史上的通称，分别是"维多利亚王朝的繁荣"（19 世纪中叶的英国）、"咆哮的 20 年代/相对稳定期"（战争期间的美国）、"资本主义的黄金时代"（战后凯恩斯主义）以及"新经济时期"（20 世纪 90 年代末 21 世纪初美国的复苏）。与此相对，结构性危机期分别为"19 世纪末的大萧条"、"30 年代大危机"、"70—80 年代的滞胀期"以及这次的"世界金融危机"（2008 年危机）。

这四个时期，按照调节学派理论分析的话，意味着四种发展模式，上升波和下降波分别是发展模式的兴盛期和衰退期，可分别将其命名为"英国型"、"过渡期"、"福特主义型（产业主导型）"、

其命名为"英国型"、"过渡期"、"福特主义型（产业主导型）"、"金融主导型"。可以说，资本主义就是这样数十年一次不断交替变化着其发展模式，这也形成了资本主义历史性发展的动态主干。①

这次的危机爆发之前，即从 1991 年到 2008 年期间，美国曾赞美其经济发展为"美国经济的复活"。实际情况是，在此之前，即70 年代"福特主义"的发展模式受阻后，美国首先采取了国际化战略（全球化），进行了把企业的国际竞争力置于优先位置的政策转换，从此福特主义的劳资妥协发生改变，尽管工资受到抑制、雇用环境变得恶化，但作为回报，美国的消费者却从国际市场享受了低价的消费品，于是美国的消费者默认了这种新的情况。与此同时，金融自由化进一步发展，金融的损益日益占据了优势地位，即使在企业内部，从劳资协调的调整模式来看，也发生了优先考虑股东的支配经营策略、向股东主导型调整和公司治理的结构性转换，90 年代美国实现了这种向金融主导型经济的转变。

对于金融主导型的经济形式，山田设想了如下的宏观路线：作为发展体制，资产价格（股价、住宅价格）的上升成为整个经济的原动力，由此金融收益（资本收益和红利收益）上升，这与轻信家庭收支的信用相连（次级贷款等）刺激了消费（资产效果）。此外，股价的上升导致筹措资金的成本下降，又促进了企业的投资。这样一来，暂时由消费和投资形成的总需求扩大，经济得到发展，这又给企业带来高额利润，而这种高额利润又催生了对高利润的期待，资产价格再次上升。这样就形成了所谓的"资产价格→金融收益/投资→消费→需求→利润→资产价格"的良性循环，经济复苏了。

在金融主导型经济中，循环的原动力并非是福特主义那样的生产性上升，而是资产价格上升（包括泡沫），不是"基于高工资及

---

① 山田锐夫：《世界金融危機と資本主義の動態》，進化経済学会第 15 回大会，名古屋大学，2011 年 3 月 19—20 日（http：//shinka - nagoya. upper. jp/file/pdf/sessionc/yamada2. pdf.），pp. 2—3。

以此为基础的消费"，而是"基于金融收益及以此为基础的消费"。

然而，这种金融主导型模式伴随着 2008 年的雷曼冲击遇到了危机，良性循环转为恶性循环。作为原动力的资产价格暴跌，使得金融收益骤减，进而金融损失激增，这导致各类金融机构破产，金融体系麻痹，资产价格上升所支撑的债务过剩和消费过剩也崩溃了，这又使全世界的投资萎缩，消费和投资的降温使需求萎缩、利润下降，进而对利润的期待也降低，资产价格再度下降，事态更加恶化。

这段时间，与资本主义的多样性相适应，危机的形式也多种多样。山田按照采取不同的发展战略将世界经济划分为七种类型，称为按照空间轴区分类型。特别是将依靠金融创新促进增长的金融主导型经济的美国、英国，与依靠高品质商品出口维持增长的出口主导型经济的日本、德国、荷兰、瑞典，与拥有潜在的巨大的国内市场、还存在依靠内需主导增长的可能性的中国、印度、巴西相区别，通过弄清这些类型之间的层次性和互补性，分析了今后的发展趋势。

从上述三个学派的代表人物对于全球性金融危机的认识可以看出，他们各自在本学派对于现代资本主义的基本认识的基础上展开了对这场危机的分析，归纳起来可以发现，其中的观点有以下的相同与相异。

1. 相同的认识

首先，学者们都认为这次危机是 20 世纪 70 年代以后，现代资本主义在迎接新的发展阶段过程中的危机（井村）、恐慌（伊藤）、结构性危机（山田）。

其次，学者们都认为现代资本主义面临的变化是从生产资本主导的体制向金融资本主导的体制转变的质的变化，即是从"福特主义"向"金融主导型模式"的转换（山田）、"逆流假说"或"马克思的反攻"（伊藤）、"现代资本主义的变质"以及"金融的变质"（井村）。

最后，在上述认识的基础上，学者们提出这次危机是：从产业的现实资本的运动中，作为相对独立的运动的一场"独立的货币恐慌"（伊藤），"从实体经济独立出来的投机性金融活动"（井村），"作为魔杖的金融"（山田）发挥着巨大的威力。

2. 不同的认识

首先的一个区别，是主张"金融的变质"、强调"投机性金融活动"的历史独特性呢（井村）？还是主张独特的"作为第二种类型的货币恐慌"，从原理论（《资本论》）中寻找端倪（伊藤）？

其次，是将货币危机、金融危机、财政危机等具有连贯性的危机置于"现代资本主义的变质"下，在其结构性的一贯性中考察呢（井村）？还是回到古典资本主义的信用、金融体系中，考察其在现代的表现（伊藤）？抑或是将资本主义的增长和危机置于"历史交替"的进程中来进行类型划分（山田）？

总之，从上述学者们对于这次全球危机的认识和分析上看，日本马克思主义经济学对于这场危机的研究具有多层次、多角度的特点。各学派虽有各自的立场和出发点，但都能够从对现代资本主义的基本认识出发，来分析、发现本次危机的特殊性，为以马克思主义经济学的视角看待这场全球性危机提供了丰富素材。

参 考 文 献

二 战 前

1. 河上肇：《貧乏物語》，弘文堂 1917 年版。

2. 河上肇：《福田博士の：資本増殖の理法》（其の一、其の二），《社会問題研究》31 冊、32 冊，1922 年。

3. 福本和夫：《〈方向転換〉はいかなる諸過程をとるか》，《マルクス主義》1925 年 10 月号。

4. 櫛田民蔵：《マルクス価値概念に関する一考察——河上博士の〈価値人類犠牲説〉に対する若干の疑問》，《大原社会問題研究所雑誌》3 巻 1 号，1925 年。

5. 河上肇：《唯物史観に関すの自己清算》，《社会問題研究》1927 年。

6. 猪俣津南雄：《金融資本論》，改造社 1930 年版。

7. 福田徳三：《唯物史観経済史出立点の再吟味——〈古代共産制度〉に関する若干の考証と祖述》，《改造》1927 年 5、6 号。

8. 猪俣津南雄：《帝国主義研究》，改造社 1928 年版。

9. 河上肇：《第二貧乏物語》，弘文堂 1930 年版。

10. 猪俣津南雄：《没落資本主義の〈第三期〉》，大衆公論社 1930 年版。

11. 猪俣津南雄：《日本の独占資本主義：特に金融資本の恐慌対策》，南北書院 1931 年版。

12. 野呂栄太郎ら：《日本資本主義発達史講座》（全 7 巻），岩波書店 1932—1933 年版。

13. 山田盛太郎：《日本資本主義分析》，岩波書店 1934 年版。

14. 平野義太郎：《日本資本主義社会の機構》，岩波書店 1934 年版。

15. 猪俣津南雄：《踏査窮乏の農村》，改造社 1934 年版、岩波書店 1982 年版。

16. 猪俣津南雄：《農村問題入門》，中央公論社 1937 年版。

二　战　后

17. 向坂逸郎：《历史的法則について——社会革命の展望》，《世界文化》1946 年 9 月号。

18. 向坂逸郎訳：《資本論》，岩波書店 1947 年版。

19. 山川均：《日本民主革命論》，黄土社 1947 年版。

20. 宇野弘藏：《価値論》，河出書房 1947 年版。

21. 服部之総：《絶対主義論》，月曜書房 1948 年版。

22. 櫛田民蔵：《櫛田民蔵全集》（全 5 卷），改造社 1947—1949 年版。

23. 白杉庄一郎：《講座派絶対主義論の再検討—最近における絶対主義論議の総決算第一部》，《国民経済》1949 年 9 月。

24. 小林良正：《日本産業の構成》，白揚社 1949 年版。

25. 久留間鮫造：《マルクス恐慌論研究》，北隆館 1949 年版。

26. 宇野弘藏：《資本論の研究》，岩波書店 1949 年版。

27. 向坂逸郎：《経済学方法論》，河出書房 1949 年版。

28. 井上晴丸、宇佐美誠次郎：《国家独占資本主義論》，潮流社 1950 年版。

29. 宇野弘藏：《経済原論》（上、下），岩波書店 1950—1952 年版。

30. 向坂逸郎、大内兵衛共訳：《共産党宣言》，岩波書店 1951 年版。

31. 信夫清三郎：《大正政治史》（全 4 卷），河出書房 1951—

1952 年版。

　　32. 宇野弘蔵：《恐慌論》，岩波書店 1953 年版。

　　33. 山川均：《社会主義運動小史》，社会問題研究所 1953
年版。

　　34. 神山茂夫：《現代日本国家の史的究明：続・天皇制に関
する理論的諸問題》，蕫会出版 1953 年版。

　　35. 宇野弘蔵：《経済政策論》，1954 年版。

　　36. 置塩信雄：《交換論について》，《国民経済雑誌》89
(4)，神戸大学経済経営学会 1954 年版。

　　37. 堀江正規ら編集：《日本資本主義講座——戦後日本の政
治と経済》（全 10 巻 + 別巻），岩波書店 1953—1954 年版。

　　38. 宇野弘蔵：《経済政策論改訂版》，弘文堂 1954 年版。

　　39. 服部之総：《服部之総著作集》（全 7 巻），理論社 1955
年版。

　　40. 岸本誠二郎、都留重人［監修］：《近代経済学の基本性
格》，東洋経済新報社 1956 年版。

　　41. 岸本誠二郎、都留重人［監修］：《近代経済学の理論構
造》，東洋経済新報社 1956 年版。

　　42. 久留間鮫造：《価値形態論と交換過程論》，岩波書店 1957
年版。

　　43. 向坂逸郎編：《マルクス・エンゲルス選集》（全 12 巻、
別巻 4 巻），新潮社 1956—1962 年版。

　　44. 江田三郎：《今年のわれわれの課題》，《月刊社会党》
1961 年 1 月号。

　　45. 置塩信雄、新野幸次郎：《ケインズ経済学》，三一書房
1957 年版。

　　46. 宇野弘蔵：《〈資本論〉と社会主義》，岩波書店 1958
年版。

　　47. 向坂逸郎：《日本資本主義の諸問題》，至誠堂 1958 年版。

　　48. 遊部久蔵：《〈資本論〉研究史》，ミネルヴァ書房 1958 年

版。

49. 内田穣吉編：《講座現代日本の経済と政治》全 4 巻，1958—1959 年版。

50. 向坂逸郎：《マルクス経済学の方法》，岩波書店 1959 年版。

51. 内田穣吉編：《講座戦後日本の経済と政治》Ⅰ，大月書店 1959 年版。

52. 島恭彦：《現代の国家と財政の理論》，三一書房 1960 年版。

53. 今井則義編：《日本の国家独占資本主義》，合同出版 1960 年版。

54. 内田穣吉：《戦後日本独占資本主義史論》，日本評論新社 1961 年版。

55. 高内俊一：《現代日本資本主義論争》，三一書房 1961 年版。

56. 森喜一：《日本労働者階級状態史》，三一書房 1961 年版。

57. 久留間鮫造ら編：《資本論辞典》，青木書店 1961 年版。

58. 向坂逸郎：《マルクス経済学の基本問題》，岩波書店 1962 年版。

59. 宇野弘藏：《経済学方法論》，東京大学出版会 1962 年版。

60. 向坂逸郎：《マルクス伝》，新潮社 1962 年版。

61. ローゼンベルグ（Rosenberg）：《資本論注解》（全 5 冊），副島種典、宇高基輔訳，青木書店 1962—1964 年版。

62. 遊部久蔵編：《資本論講座》（全 7 冊），青木書店 1963—1964 年版。

63. 岩田弘：《世界資本主義》，未來社 1964 年版。

64. 宇野宏藏：《経済原理》，岩波書店 1964 年版。

65. 池上惇：《国家独占資本主義論》，有斐閣 1965 年版。

66. 大阪市立大学経済研究所編：《経済学辞典》，岩波書店 1965 年版。

67. 平田清明：《経済科学の創造——〈経済表〉とフランス革命》，岩波書店 1965 年版。

68. 宇佐美誠次郎ら編：《マルクス経済学体系》（全 3 巻），有斐閣 1966 年版。

69. 今井清一：《日本の歴史》第 23 巻，中央公論社 1967 年版。

70. 日高普：《日本のマルクス経済学——その歴史と論理》（上、下），青木書店 1967—1968 年版。

71. 守屋典郎：《日本マルクス主義理論の形成と発展》，青木書店 1967 年版。

72. 置塩信雄：《蓄積論》，筑摩書房 1967 年版，1976 年第 2 版。

73. 宇野弘蔵編：《資本論研究》（全 5 巻），筑摩書房 1967—1968 年版。

74. 桜井毅：《生産価格の理論》，東京大学出版社 1968 年版。

75. 林健久、桜井毅、鈴木博、渡辺寛、降旗節雄、日高普編：《日本のマルクス経済学》，青木書店 1968 年版。

76. 平田清明：《市民社会と社会主義》，岩波書店 1969 年版。

77. 楫西光速：《日本資本主義の成立》Ⅰ，東京大学出版会 1970 年版。

78. 大内力：《国家独占資本主義》，東京大学出版会 1970 年版。

79. 川口武彦編：《堺利彦全集》（全 6 巻），法律文化社 1970—1971 年版。

80. 平田清明：《経済学と歴史認識》，岩波書店 1971 年版。

81. 甘粕石介、宇佐美誠次郎、横山正彦：《マルクス主義経済学講座》，新日本出版社 1971 年版。

82. 井汲卓一編：《国家独占資本主義論》，現代の理論社 1971 年版。

83. 福本和夫：《福本和夫初期著作集》（全 4 巻），こぶし書房1971—1972年版。

84. 降旗節雄:《帝国主義論の史的展開》,現代評論社1972年版。

85. 島恭彦ら編:《新マルクス経済学講座》(全6巻),有斐閣1972—1976年版。

86. 井村喜代子:《恐慌・産業循環の理論》,有斐閣1973年版。

87. 宇野弘藏:《宇野弘藏著作集》(全11巻),岩波書店1973—1974年版。

88. Morishima M. "*Marx's Economics—A Dual Theory of Value and Growth*", Cambridge University Press, 1973。日文版:森嶋通夫:《マルクスの経済学——価値と成長の二重の理論》,高須賀義博訳,東洋経済新報社1974年版。

89. ロスドルスキー:《〈資本論〉成立史》,時永淑ほか訳,法政大学出版局1973—1974年版。中文版:罗斯多尔斯基《马克思〈资本论〉的形成》,魏埙等译,山东人民出版社1992年版。

90. 渡辺寛:《世界農業問題》,宇野弘藏監修:《講座帝国主義の研究2世界経済》,青木書店1975年版;同《資本主義と農業》,《経済セミナー》1974年10月。

91. 加藤栄一:《現代資本主義の歴史的位置——〈反革命〉体制の成功とその代価——》,《経済セミナー》1974年2月。

92. 井汲卓一ら編:《講座マルクス経済学》(全7巻),日本評論社1974—1976年版。

93. 大内秀明ら編:《資本論研究入門》,東京大学出版会1976年版。

94. 小島恒久:《日本資本主義論争史》,ありえす書房1976年版。

95. 北原勇:《独占資本主義の理論》,有斐閣1977年版。

96. 佐藤金三郎ら編:《資本論を学ぶ》(全5巻),有斐閣1977年版。

97. 杉原四郎：《マルクス主義の経済思想（経済思想史2）》，有斐閣1977年版。

98. 置塩信雄：《マルクス経済学——価値と価格の理論》，筑摩書房1977年版。

99. 置塩信雄：《現代経済学》，筑摩書房1977年版。

100. 森嶋通夫：《イギリスと日本——その教育と経済》，岩波書店1977年版。

101. 伊藤誠ら編訳：《論争・転形問題－価値と生産価格》，東京大学出版会1978年版。

102. Morishima M. *Value*, *exploitation and growth*：*Marx in the light of modern economic theory*, with George Catephores, Mc Graw－Hill, 1978. 日文版：森嶋通夫：《価値・搾取・成長——現代の経済理論からみたマルクス》，高須賀義博・池尾和人訳，創文社1980年版。

103. 小林弥六：《現代資本主義分析》（上、下），お茶の水書房1979－1980年版。

104. 長岡新吉：《近代日本経済史》，日本経済評論社1980年版。

105. 平田清明：《コンメンタール〈資本〉》，日本評論社1980年版。

106. 平田清明：《社会形成の経験と概念》，岩波書店1980年版。

107. 置塩信雄ら編：《現代資本主義分析》（全11巻），岩波書店1980—1984年版。

108. 森嶋通夫：《自分流に考える——新・新軍備計画論》，文藝春秋1981年版。

109. 講座今日の日本資本主義編集委員会編：《講座今日の日本資本主義》（全10巻），大月書店1981—1982年版。

110. 平田清明：《経済学批判への方法叙説》，岩波書店1982年版。

111. 石垣博美、上野昌美訳：《転形論アンソロジー》，法政大学出版局 1982 年版。

112. 井村喜代子：《〈資本論〉の理論的展開》，有斐閣 1984 年版。

113. Morishima M. *Why has Japan succeeded: western technology and the Japanese ethos*, Cambridge University Press, 1982. 日文版：森嶋通夫：《なぜ日本は〈成功〉したか？——先進技術と日本的心情》，TBSブリタニカ1984 年版。

114. 野呂栄太郎：《日本資本主義発達史》，岩波書店 1983 年版。

115. 山田盛太郎：《山田盛太郎著作集》（全 5 巻・別刊），岩波書店 1983—1985 年版。

116. 北原勇：《現代資本主義における所有と決定》，岩波書店 1984 年版。

117. 橋本寿朗：《大恐慌期の日本資本主義》，東京大学出版会 1984 年版。

118. 宇野俊一、大久保利謙ら：《体系日本史叢書政治史Ⅲ》，山川出版社 1985 年版。

119. 山口重克：《経済原論講義》，岩波書店 1985 年版。

120. 高須賀義博：《マルクス経済学の解体と再生》，お茶の水書房 1985 年版。

121. 置塩信雄、伊藤誠：《経済理論と現代資本主義：ノート交換による討論》，岩波書店 1987 年版。

122. 平田清明、山田鋭夫、八木紀一郎編：《現代市民社会の旋回》，昭和堂 1987 年版。

123. 高須賀義博：《マルクス経済学の解体と再生》（増補版），お茶の水書房 1988 年版。

124. 森嶋通夫：《サッチャー時代のイギリス——その政治、経済、教育》，岩波書店 1988 年版。

125. 中村隆英、尾高煌之助：《日本経済史 6 二重構造》，岩波書店 1989 年版。

126. 伊藤誠：《資本主義経済の理論》，岩波書店 1989 年版。

127. 加藤栄一：《現代資本主義の歴史的位相》，東京大学
《社会科学研究》第 41 巻第 1 号，1969 年。

新　时　期

128. 頭川博：《価値形成と剰余労働——〈搾取の数学的証
明〉の検討》，《一橋論叢》1990 年 104 (6)。

129.《マルクスエングルス全集》（全 53 冊），大月書店
1959—1991 年版。

130. 平田清明：《市民社会とレギュラシオン》，岩波書店
1993 年版。

131. 置塩信雄：《経済学はいま何を考えているか》，大月書
店 1993 年版。

132. 侘美光彦：《世界大恐慌——1929 年恐慌の過程と原因》，
御茶の水書房 1994 年。

133. 山田鋭夫ら編著：《20 世紀資本主義》，有斐閣 1994
年版。

134.《マルクス資本論草稿集》（全 9 冊），大月書店 1978—
1994 年版。

135. 伊藤誠：《市場経済と社会主義——これからの世界》，
平凡社 1995 年版。

136. 松石勝彦：《マルクス経済学》，青木書店 1995 年版。

137. 大石雄尓：《商品の価値と価格》，創風社 1995 年版。

138. ロバート・アルブリトン：《資本主義発展の階段論——
欧米における宇野理論の一展開》，社会評論社 1995 年版/原書
1991 年版。

139. 河村哲二：《パックス・アメリカーナの形成——アメリ
カ〈戦時経済システム〉の分析》，東洋経済新報社 1995 年版。

140. 柴田徳太郎：《大恐慌と現代資本主義——進化論的アプローチによる段階論の試み》，東洋経済新報社 1996 年版。

141. CD 版《マルクスエンルフ全集》，大月書店 1996 年版。

142. 伊藤誠ら編：《マルクスの逆襲——政治経済学の復活》，日本評論社 1996 年版。

143. 平田清明：《市民社会思想の古典と現代——ルソー、ケネー、マルクスと現代市民社会》，有斐閣 1996 年版。

144. 平石修：《価値と生産価格》，秋桜社 1996 年版。

145. 馬場宏二：《新資本主義論——視角転換の経済学》，名古屋大学出版会 1997 年版。

146. 北原勇、伊藤誠、山田鋭夫：《現代資本主義をどう視るか》，青木書店 1997 年版。

147. 《マルクス自筆原稿ファクシミリ（facsimile）版経済学批判要綱》，大月書店 1997 年版。

148. 栗山浩一：《公共事業と環境の価値——CVMガイドブック》，築地書館 1997 年版。

149. 降旗節雄：《日本経済の構造と分析》，"第 2 章明治維新後の国家権力と経済構造——日本資本主義の発展（1）"，株式会社社会評論社 1997 年版。

150. 升味准之輔：《日本政治史》，董果良译，商务印书馆 1997 年版。

151. 新田滋：《階段論の研究》，御茶の水書房 1998 年版。

152. 渋谷正編訳：《草稿完全復元版ドイツ・イデオロギ（序文・第 1 巻第 1 章）》，新日本出版社 1998 年版。

153. 横川信治、野口真、伊藤誠編：《進化する資本主義》，日本評論社 1999 年版。

154. 五味久寿：《グローバルキャピタリズムとアジア資本主義——中国・アジア資本主義の台頭と世界資本主義の再編》，批評社 1999 年版。

155. 大黒弘慈：《宇野弘蔵：〈純粋〉—戦前・戦後中の思想

形成—》,《批判空間》第 2 期第 20 号，1999 年。

156. 山田鋭夫、ロベール・ボワイエ（Robert Boyer）:《戦後日本資本主義》,藤原書店 1999 年版。

157. 和田豊:《欧米における転化問題論争の現局面——1990年代の研究を中心に》,《岡山大学経済学会雑誌》1999 年 30（3）。

158. 井村喜代子:《現代日本経済論——戦後復興、〈経済大国〉、90 年代大不況》（新版）,有斐閣 2000 年版。

159. 泰萨·莫里斯—铃木:《日本经济思想史》,厉江译,商务印书馆 2000 年版。

160. 譚暁軍:《軍需生産と経済発展—軍需再生産表式の展開をふまえて—》,日本:《経済と経済学》2000 年第 90 号。

161. 北原勇ら編:《現代資本主義》,有斐閣 2001 年版。

162. 小島仁:《21 世紀のマルクス経済学》,創成社 2001 年版。

163. 長島誠一:《戦後の日本資本主義》,桜井書店 2001 年版。

164. 吉原直毅:《マルクス派搾取理論再検証: 70 年代転化論争の　結》,《経済研究》（一橋大学）2001 年 52（3）。

165. 伊藤誠、C、ラバヴィッァス:《貨幣・金融の政治経済学》,岩波書店 2002 年版。

166. 藤田晋吾:《スラッフア沈黙——転形問題論争史論》,東海大学出版会 2001 年版。

167. 神田敏英:《価値と生産価格——労働価値説の新たな概念と定式》,お茶の水書房 2002 年版。

168. 大西広:《グローバリゼーションから軍事的帝国主義へアメリカの衰退と資本主義世界のゆくえ》,大月書店 2003 年版。

169. 马克思主义经济学与现代课题研究会（SGCIME）:《マルクス経済学の現代的課題》,お茶の水書房 2003 年版。

170. 大黒弘慈:《原理論における:〈純粋〉の意味》,

SGCIME 编：《資本主義原理像の差異構築》所収，お茶の水書房 2003 年版。

171. 和田豊：《価値の理論》，桜井書店 2003 年版。

172. 森嶋通夫：《森嶋通夫著作集》，岩波書店 2003—2005 年版。

173. 長尾克子：《革命幻想の解体過程》，日刊工業出版プロダクション 2004 年版。

174. 马克思：《资本论》第 1 卷，人民出版社 2004 年版。

175. 松尾匡：《吉原直毅氏による〈マルクスの基本定理〉批判》，《季刊経済理論》2004 年 41（1）。

176. 山田鋭夫：《レギュラシオンと市民社会》，《経済科学》第 52 巻第 4 号，2005 年。

177. 馬場宏二：《もう一つの経済学——批判と好奇心》，御茶の水書房 2005 年版。

178. 井村喜代子：《日本経済——混沌のただ中で》，勁草書房 2005 年版。

179. 张忠任：《马克思主义经济思想史——日本卷》，程恩富主编：《马克思主义经济思想史》，中国出版集团、东方出版中心 2006 年版。

180. 不破哲三：《日本共産党史を語る》（上、下），新日本出版社 2006 年版。

181. 宇野弘藏、梅本克己著，いいだもも編集：《社会科学と弁証法》，こぶし文庫 2006 年版。

182. 山田鋭夫：《現代資本主義の多様性と〈社会〉的調整》，《季刊経済理論》第 43 巻 1 号，2006 年 4 月。

183. 山田鋭夫：《資本主義経済における多様性》，《比較経済研究》第 44 巻 1 号，2007 年 1 月。

184. 平田清明著，平田清明遺稿集編集委員会編：《平田清明 市民社会を生きる——その経験と思想》，晃洋書房 2007 年版。

185. 大黒弘慈：《貨幣に顕れた近代の光と闇—近代日本の経

济学者—》,《大航海》64 号,新書館 2007 年版。

186. 山田鋭夫ら編:《現代資本主義への新視角》,昭和堂 2007 年版。

187. 山田鋭夫:《さまざまな資本主義比較資本主義分析》,藤原書店 2008 年版。

188. 山田鋭夫:《比較資本主義分析とは何か》,《東京経済大学会誌(経済学)》第 259 号,2008 年 3 月。

189. 青木孝平:《コミュニタリアン・マルクス・資本主義批判の方向転換》,社会評論社 2008 年版。

190. 伊藤誠:《サブプライムから世界恐慌へ——新自由主義の終焉とこれからの世界》,青土社 2009 年版。

191. 鶴田満彦:《グローバル資本主義と日本経済》,桜井書店 2009 年版。

192. 张利军、邓云凌:《战后日本马克思主义学者论资本主义时代问题》,《国外理论动态》2009 年第 8 期。

193. 芦田文夫:《レギュラシオン・アプローチと〈市民社会論〉——社会主義—市場経済論〈市民社会〉(続)》,《立命館経済学》第 57 巻第 1 号,2009 年。

194. 伊藤誠:《伊藤誠著作集》(全 6 巻),社会評論社 2009—2012 年版。

195. 伊藤誠:《サブプライムから世界金融恐慌へ》,《情況》2009 年 1、2 月合併号。

196. 井村喜代子:《世界的金融危機の構図》,勁草書房 2010 年版。

197. 毛利良一:《アメリカ金融覇権終わりの始まり——グローバル経済危機の検証》,新日本出版社 2010 年版。

198. 王振锁、徐万胜:《日本近现代政治史》,世界知识出版社 2010 年版。

199. 杨栋梁:《日本近现代经济史》,世界知识出版社 2010 年版。

200. 伊藤誠:《サブプライムから世界恐慌へ》,《季刊経済理論》2010 年第 41 巻第 1 号。

201. 森岡孝二:《強欲資本主義の時代とその終焉》, 桜井書店 2010 年版。

202. 福本和夫:《福本和夫著作集》（全 10 巻）, こぶし書房 2010—2011 年版。

203. 宇仁宏幸ら:《金融危機のレギュラシオン理論——日本経済の課題》, 昭和堂 2011 年版。

204. 山田鋭夫ら:《金融危機のレギュラシオン》, 昭和堂 2011 年版。

205. 山田鋭夫:《世界金融危機と資本主義の動態》, 進化経済学会第 15 回大会, 名古屋大学, 2011 年 3 月 19—20 日（http：// shinka – nagoya. upper. jp/file/pdf/sessionc/yamada2. pdf. ）。

206. 譚暁軍:《現代中国における第 3 次産業の研究——サービス業および軍需産業の理論的考察》, 日本八朔社 2011 年版。

207. 日本《読売新聞》2012 年 4 月 16 日。

208. 参考日文维基百科（http：//ja. wikipedia. org/）中的相关条目：

《マルクス経済学》、《日本社会党（1906 年）》、《山川均》、《27 年テーゼ》、《32 年テーゼ》、《河上肇》、《野呂栄太郎》、《山田盛太郎》、《平野義太郎》、《櫛田民蔵》、《猪俣津南雄》、《向坂逸郎》、《野坂参三》、《森戸・稲村論争》、《社会主義協会》、《宇野弘蔵》、《宇野経済学》、《平田清明》、《置塩信雄》、《森嶋通夫》、《失われた20 年》、《伊藤誠》、《構造改革》、《江田三郎》等。

后 记

当完成本书的全部内容时，似乎有种如释重负的感觉。这是我的第一部中文专著，也是自己近十年的研究生涯中一直心念的成果。当 1995 年第一次赴日本攻读硕士时，带着一份好奇投到了以研究马克思的再生产理论擅长的宫川彰教授的门下，开始从研究的角度接触到日本马克思主义经济学。在跟随教授学习、研究的过程中，特别是在完成硕士论文期间，虽然因为设定的研究课题只是以马克思的再生产理论分析军需产业，[①] 涉及的马克思主义经济学理论主要集中在价值理论、生产性劳动理论和再生产理论几个方面，但却已被日本学者的研究之深入、之细致所吸引、所感动，萌生了有机会要好好研究日本马克思主义经济学的想法。可惜的是，1999年硕士毕业回国后未能从事研究工作，这一想法一放就是五年。2004 年起调到东北大学工作，主要的工作是面对经济学专业的学生讲授"《资本论》选读"课，教学中感到对于马克思主义经济学理论掌握的匮乏，于是再次回到宫川教授身边，继续之前的研究，这次的研究课题确定为以再生产理论研究服务业的发展。[②] 这次的研究经历让我更加深刻地体会到日本马克思主义经济学研究的出色，了解到对服务业的研究日本同样参与学者众多、探讨深入、论战激烈。遗憾于自己依然只是对论文涉及的日本学者对于服务业的研究的了解，再次产生何时有机会能够比较全面地了解日本马克思

---

① 譚曉軍：《軍需生産と経済発展——軍需再生産表式の展開をふまえて—》，硕士论文，日本：《経済と経済学》2000 年第 90 号。

② 譚曉軍：《現代中国における第 3 次産業の研究——サービス業および軍需産業の理論的考察—》，博士论文，日本八朔社 2011 年 6 月。

主义经济学研究的状况，并将自己所了解的内容介绍到中国，让我
国学界也能够更多地了解日本的相关研究，从而促进两国学者之间
的交流的想法。毕业后却仍旧由于教学工作的繁忙，无法抽出大段
的时间专心于这方面的研究，虽也多次为开始这方面的研究收集资
料，着手准备，却终未能如愿。

2010 年 7 月调入中国社会科学院马克思主义研究院之后，因为
被分配到国外马克思主义研究部，终于可以全心全意地投入到对日
本马克思主义经济学的研究之中，似乎看到了实现多年心愿的希
望，心里十分高兴，也即刻心无旁骛地投入到这项工作之中。在两
年多的时间里，一方面查找国内学者的相关研究成果，另一方面借
助赴日本参加学会的机会，主动接触日本学者，与他们建立联系，
虚心求教，并通过在研究院作报告、发表论文等机会作出阶段性的
研究成果，最终才得以完成这部专著。

这本书真的只能算是为完成自己多年心愿的一部著作，因为它
只是我从事日本马克思主义经济学研究的一个开始。即使不从《资
本论》第 1 卷 1887 年传入日本算起，只从 1907 年山川均最早用日
文对《资本论》作介绍算来，日本的马克思主义经济学研究也已历
时百年有余，期间名家、名著的出现又何止本书中所能言明道尽的
呢。更何况自己的研究刚刚起步，无论是对资料的掌握还是对理论
的理解都还有很大差距，书中可能出现的疏漏、甚至错误，只能作
为遗憾留在其中，待日后改正了。也正因如此，我只想把这本书作
为自己从此踏上这一研究之路的标志，见证自己的开始，也鼓励自
己从此无悔地走下去。

其实，在我的内心一直还有一个心愿，就是希望从对日本马克
思主义经济学的研究中获得启发，最终能够为中国的理论完善和实
践活动提供帮助，这也是激励自己对这一研究保持长久热情的一个
动力。早在完成硕士、博士论文的过程中，我已经开始尝试贯彻自
己的这一想法，将理论研究成果用于中国的现实问题分析之上，自
己也切实感受到这是可以将理论变得鲜活起来的好办法，研究起来
也会觉得更加充满乐趣。我会继续以此作为自己研究的最大动力，

也将为此不断努力。

　　在这里，我想衷心地感谢日本的渡边雅男教授的指导和帮助。渡边教授是一位令人钦佩、学识渊博的日本马克思主义经济学者，不仅为我写作本书提供了丰富的资料，还为我今后的研究邮寄了他长期研究过程中收集的大量的珍贵文献，很多古书可能在日本的旧书市场也很难觅得了，令我非常感动。而且，每当我遇到问题向他求教时，他总是及时而耐心地给予解答，令我受益匪浅。我还要感谢日本社会主义协会的濑户宏先生，他得知我需要劳农派的资料时，从日本寄来了小岛恒久的《日本资本主义论战史》整书的复印件，还回答了我关于劳农派的诸多问题，使我在写作劳农派的内容时增加了很多资料。再有就是正统派的井村喜代子教授、宇野派的伊藤诚教授都先后为我寄来书籍和回答我提出的相关问题，使我能够顺利完成全书的写作，一并在此表示我最真挚的谢意，谢谢！

　　最后，我还要感谢中国社会科学出版社的田文老师，以及其他帮助编辑校对本书的不相识、更未曾谋面的各位老师，是你们的认真努力，才使得本书得以更加完善地与读者见面，非常感谢！

谭晓军

2012 年 9 月